Thomas Ulrich

Dualseelen

Partnerfindung
und Seelenverwandtschaft

WILHELM HEYNE VERLAG
MÜNCHEN

HEYNE ESOTERISCHES WISSEN
Herausgegeben von Michael Görden
Nr. 13/9830

Umwelthinweis:
Das Buch wurde auf
chlor- und säurefreiem Papier gedruckt.

Taschenbucherstausgabe 5/2000

Copyright © by Aquamarin Verlag, Grafing
Wilhelm Heyne Verlag GmbH & Co. KG, München
http://www.heyne.de
Printed in Germany 2000
Umschlaggestaltung: Atelier Bachmann & Seidel, Reischach
Umschlagillustration: Klaus Holitzka/Cover Art Agentur Walter Holl,
Aachen
Satz: Pinkuin Satz und Datentechnik, Berlin
Druck und Bindung: Presse-Druck, Augsburg

ISBN 3-453-17359-7

Inhalt

Einleitung *9*

1. Die Schöpfung *13*
2. Die Entzweiung *27*
3. Der Sündenfall *61*
4. Der Aufenthalt der Dualseelen in der Materie *79*
5. Über die irdische und die himmlische Ehe *93*
6. Geschichten und Gleichnisse *121*
7. Die Verschmelzung der Dualseelen *143*
8. Rückkehr ins Nirvana *151*

Schlusswort *161*
Nachweis über Quellenangaben *167*

Sanft wie das Winden eines weichen Bandes
sind du und ich seit Ewigkeit verbunden,
ich, Bote eines fernen, fremden Landes,
kann nur mit dir vereint gesunden.

Das Band, das uns verbindet, ist verschlungen,
du musst allein den Knoten darin lösen,
und ist das Lösen endlich dir gelungen,
sind wir genesen.

Ephides★

★ mit freundlicher Genehmigung entnommen aus dem Buch »Ephides
 – Ein Dichter des Transzendenten«, Anthos-Verlag, Weinheim

Einleitung

Es ist davon auszugehen, dass die Leserin oder der Leser dieser Zeilen zumindest schon von dem Begriff »Dualseelen« gehört hat, wenngleich damit sehr unterschiedliche Vorstellungen verbunden sein können.

Dualseelen (oder Zwillingsseelen, Seelenpartner oder Seelengefährten) sind zwei von Urzeiten her zusammengehörende Seelen, jeweils das männliche beziehungsweise das weibliche Prinzip verkörpernd. Zwei solche Seelen bezeichnet man auch als Seelenpaar oder als »zwei Hälften derselben Person«. Die Lehre der Dualseelen besagt, dass es zu jedem Mann die dazugehörige Frau gibt (seine ursprüngliche, einzige und wahre Frau) und umgekehrt auch zu jeder Frau den dazugehörenden Mann.

Leider ist das Wissen um die Dualseelen in der heutigen Zeit fast gänzlich in Vergessenheit geraten. Wenn der so genannte ›moderne‹ Mensch sich auch kaum noch mit mystischen Fragen beschäftigt und infolgedessen über keine Kenntnis von der ursprünglichen Einheit der Dualseelen verfügt, so bedeutet das nicht, dass dieses Urwissen völlig verschwunden ist. Es hat sich im Unterbewusstsein der Menschen erhalten; denn es gibt einige Redewendungen, deren ursprünglicher Sinn uns wohl nicht mehr bekannt ist, die aber dennoch diesen Sachverhalt bestätigen. So spricht man gelegentlich davon, dass zwei bestimmte Menschen »wie für einander geschaffen« oder »für einander bestimmt sind«. Auch die Redewendung, dass es »für jeden Topf den passenden

Deckel gibt«, bestätigt dies. Ehemänner pflegen ihre Frau oft als ihre »bessere Hälfte« zu bezeichnen. In dem Kenneth-Branagh-Film *Schatten der Vergangenheit,* einem packenden Reinkarnations-Thriller, legt der Mann seiner frisch angetrauten Frau ein Fußkettchen an und erklärt ihr dessen Symbolik: »Wenn ein Mann seiner Frau dieses Fußkettchen anlegt, so bedeutet das, dass sie von nun an nicht mehr zwei Wesen sind, sondern eins. Sie sind zwei Hälften derselben Person, zwei Hälften eines Ganzen, und auch der Tod kann sie nicht trennen.« In diesen Worten ist praktisch alles gesagt, was es über die Dualseelen mitzuteilen gibt.

Dualseelen sind tatsächlich zwei Hälften eines ursprünglichen Ganzen. Die Dualseelen-Lehre geht davon aus, dass zu jeder Frau und zu jedem Mann das vollkommene Gegenstück existiert. Nach dieser Lehre gab es ursprünglich zusammengehörende Seelenpaare, die in ihrer Vereinigung den »Menschen in seinem Vollbestand« darstellten, so wie es Vers 1,27 der Genesis ausdrückt: »Und Gott schuf den Menschen zu seinem Bilde, zum Bilde Gottes schuf er ihn; und schuf sie als Mann und Weib.« Dieser »Mensch in seinem Vollbestand«, der nach dem Sohar »nur wirklich Mensch zu nennen ist«, vereinigte in sich das männliche und das weibliche Prinzip. Beide bildeten je eine Hälfte eines vollständigen Individuums, das androgyn war.

Nun stellt sich natürlich die Frage, wie und warum es zur Trennung der Duale kam. Im zweiten Kapitel des vorliegenden Buches wird ausführlich darauf eingegangen.

Unmittelbar mit dem Thema der Dualseelen haben in diesem Buch die Kapitel 2 und 4 bis 7 zu tun. Doch warum werden weiter die Themen Schöpfung, »Sündenfall« und Nirvana behandelt? Die Antwort lautet: Wenn wir uns ausführlich mit dem Werdegang der Dualseelen auseinandersetzen wollen, müssen wir zu einer Zeit ansetzen, bevor sie in zwei Wesen getrennt wurden, also versuchen, uns ein Bild von dem Urzustand zu machen. Daher müssen wir auch die Schöpfung betrachten. In enger Verflechtung mit der Schöpfung des sichtbaren Kosmos und der Trennung der Dualseelen – was nicht nur die Teilung in zwei Wesen bedeutet, sondern auch die räumliche Trennung, durch die man einander oft nicht zu finden vermag – ist der »Sündenfall« verbunden. Auf diesen einzugehen, ist in unserem Zusammenhang ebenfalls unverzichtbar. Das Nirvana schließlich ist die fernöstliche Bezeichnung für den Urzustand, in dem die Seelen vor der Schöpfung und dem »Sündenfall« verweilt haben und in den sie früher oder später, je nach dem Stand ihrer Entwicklung, auch wieder einziehen werden. Das Nirvana ist gleichzusetzen mit dem von Jesus verkündeten »Reich Gottes«.

Ich wünsche den Leserinnen und Lesern nunmehr viel Freude und neue Erkenntnisse beim Studium dieses Buches.

1.

Die Schöpfung

Woher diese Schöpfung kam, ob Er sie gründete oder nicht,
Er, der im höchsten Himmel weilt, der Überwacher,
Er allein weiß es, oder weiß auch Er es nicht?
(Rigveda)

Dieser Vers aus dem Weltschöpfungslied des Rigveda sagt im Grunde genommen alles in einem einzigen Satz aus, was selbst die im spirituellen Bewusstsein fortgeschrittensten Menschen wirklich über die Schöpfung und ihre Ursache wissen – oder vielmehr nicht wissen. Wir wollen an dieser Stelle dennoch die Fragen nach dem *Warum* und *Woher* der Schöpfung stellen und versuchen, sie so gut wie nur möglich zu beantworten.

Warum wurde die Schöpfung des sichtbaren Kosmos überhaupt vollzogen, wenn doch die eigentliche Heimat der Seelen bei Gott ist und sie auf ihrer kosmischen Reise von Körperhüllen umgeben sind, die sie von Gott und ihrer ursprünglichen Heimat trennen?

Die Antwort kann vermutlich nur lauten: Um den von Gott abgedrifteten Seelen einen Halt zu geben. Denn bevor es überhaupt zur so genannten Ursünde kam, gab es den sichtbaren Kosmos noch nicht. Seine Erschaffung wurde notwendig, nachdem manche Seelen sich von Gott abgewandt hatten, um sie mit der Illusion von Maya zu erfreuen und sie andererseits aber auch Leid erfahren zu lassen. Das ihnen zugefügte Leid bedeutet jedoch keinen *Racheakt* Gottes, sondern soll die Seelen dazu bringen, über ihr Leid nachzudenken, um sie schließlich zur Umkehr vom Weg *fort von Gott* auf den Weg *hin zu Gott* zu bringen. Somit können wir auch der buddhistischen These Recht geben, die keinen Schöpfergott kennt, sondern die Welt als ein Zusammenwirken von Faktoren auffasst, die in gegenseitiger Abhängigkeit in die Erscheinung treten. Die materielle Schöpfung selbst ist also Resultat eines Fehlverhaltens der in ihr inkarnierten Seelen, denn ein im Himmel sitzender Gott, der sich ganz plötzlich langweilt und auf die Idee kommt, ein Weltall entstehen zu lassen, ist schwer vorstellbar.

Woher kam die Schöpfung des sichtbaren Kosmos?

Durch Vermaterialisierung des geistigen Gedankens. Die Entstehung und das Wesen des sichtbaren Kosmos erklärt Yogananda einfach als einen Traum Gottes (Maya). Nach seiner überzeugend dargestellten Auffassung ist Bewusstsein der Grundstoff des Universums und Materie lediglich Energie auf einer gröberen Manifestationsebene. So kommt er zu dem Ergebnis, dass kosmische Energie nichts anderes als eine Projektion von Gottes Willen ist.[1]

Diese These wird auch von den alten indischen Brahmanas dargestellt, nach denen diese Welt im Grunde genommen nur im Denken (also im Bewusstsein) wurzelt.

Nicht durch das Bewusstsein oder das Denken, sondern durch das Wort wurde die Schöpfung gemäß dem Bericht des Johannes vollzogen, den wir uns gleich ansehen wollen. Bevor wir dies tun, ist allerdings festzustellen, dass sowohl das Bewusstsein als auch das Denken und das Wort drei miteinander verwobene Aspekte derselben *einen* Wirklichkeit sind. Das Bewusstsein steht am Anfang. Ohne Bewusstsein gibt es kein Denken, und ohne Denken gibt es kein Wort. Das Bewusstsein ist der Wesenskern schlechthin, und wenn es sich seiner selbst bewusst wird, fängt es an zu denken. Der Gedanke ist also die Aussendung des Bewusstseins und somit die erste Emanation. Seine Vollendung findet das Denken jedoch erst durch das gesprochene Wort, das somit die zweite Emanation des Bewusstseins ist, die aber nur mit Hilfe des Gedankens als Vermittler zwischen Bewusstsein und Wort erreicht werden kann.

Diesen Sachverhalt finden wir im Schöpfungsbericht des Johannes-Evangeliums (1, 1–5) bestätigt: Im Anfang war das Wort, und das Wort war bei Gott, und Gott war das Wort. (1, 1) Dasselbe war im Anfang bei Gott. (1, 2) Alle Dinge sind durch dasselbe gemacht, und ohne dasselbe ist nichts gemacht, was gemacht ist. (1, 3) In ihm war das Leben, und das Leben war das Licht der Menschen. (1, 4) Und das Licht scheint in der Finsternis, und die Finsternis hat's nicht ergriffen. (1, 5)

Vers 1,1 wird vom Rigveda bestätigt, als dort das ergänzende weibliche Prinzip, das die Schöpferkraft Gottes ausdrückt, *Vac* genannt wird. *Vac* ist das Wort, und wenn es spricht, gestaltet es die Welt. Weiter weisen die Verse 1, 1 und 1, 2 darauf hin, dass die Natur Gottes dem Anschein nach eine doppelte ist: Einerseits rief er diesen Kosmos aus sich selbst hervor und ging in die gesamte Schöpfung und jegliches Wesen ein, andererseits ruht er dennoch in sich selbst zufrieden, von allen erschaffenen Formen völlig getrennt. Das lehrt uns die Svetāshvatara-Upanishad: »Einzig er ist das All, alles, was war, alles, was sein wird. Er ist zum Weltall geworden, und doch bleibt er ewig unwandelbar.«[2]

Eine Übereinstimmung mit Vers 1, 3 finden wir unter

anderem in der Brihadāranyaka-Upanishad. Dort heißt es: »Dieses Selbst ist Herr und König über alle Wesen. Wie die Speichen des Rades von Naben und Felge zusammengehalten werden, so werden alle Wesen, alle Geschöpfe, alle Götter, alle Welten, alles Leben im Selbst zusammengehalten. Es erschuf Zweifüßler und Vierfüßler. Dann drang es in alle Körper ein und nahm seine Wohnstätte im Herzenslotos. Man nennt es Purusha – Geist. Nichts gibt es, das nicht von ihm umhüllt, nicht von ihm erfüllt wäre. Es nahm alle Formen an. Es nahm alle Gestalten an, um sich in allen Gestalten zu offenbaren. Das Selbst, der Herr, offenbart sich durch Maya in allen Formen, und wird zu Zehn, zu Tausenden, zu Zahllosen und unendlich Vielen.«[3]

Dies besagt, dass es nichts gibt, was nicht seine Herkunft von Gott hat. Demzufolge ist natürlich auch der christliche Teufel oder der islamische Satan keine eigene Existenz oder gar Gegenmacht Gottes, sondern er verkörpert vielmehr alle Wesenheiten, die nicht im Einklang mit ihrem Ursprung (Gott) leben.

Vers 1,4 untermauert noch einmal den vorangegangenen Vers und informiert uns speziell darüber, dass alle Wesen ihr Leben aus dem Licht (das gleichzusetzen ist mit dem *Geist*) beziehen und es ihre Bestimmung war, ist und immer sein wird, in diesem Licht (d. h. *im Geiste Gottes*) zu wandeln. Erst durch die Individualisierung, durch die einige der Emanationen sich selbst als eigenständig und darum außerhalb von Gott existierenden Wesen zu erkennen glaubten, entstand die Finsternis in ihnen. In Wirklichkeit gibt es keine Finsternis, wie uns insbesondere Vers 1, 5 lehrt. Die Finsternis resultiert vielmehr als Folge der Gottesferne und der Unbewusstheit darüber, woher das eigene Leben seine Herkunft hat. Deshalb heißt es, dass Gott das Licht von der Finsternis schied (Gen. 1,4), worüber wir im Sohar die folgende Erläuterung finden: »Das Licht, das der Allheilige im Schöpfungswerk geschaffen (wobei die Formulierung einer *Schaffung des Lichtes* etwas unglücklich gewählt ist, weil das Licht als solches immer da war und ebenso unvergänglich ist), sein Strahlen ging von Weltenende zu Weltenende und dann blieb es verborgen. Aus welchem Grunde? Damit die Sündigen nicht seiner genießen.«[4]

Weiter belehrt uns der Sohar darüber, »dass sich die Scheidung von Licht und Finsternis auf die Zeit der Verbannung bezieht, darinnen die Scheidung waltet.«[5]

Vers 1,5 informiert noch einmal ausdrücklich über die göttliche Herkunft eines jeden von uns. Jedes Wesen trägt den göttlichen Funken in sich, der jedoch nur durch innere Schau erfahren werden kann. Entsprechende Bestätigungen hierzu erhalten wir auch aus den Upanishaden. So heißt es beispielsweise in der Chāndogya-Upanishad: »Nur wer Brahman im Innersten des eigenen Herzens findet, ist ein Erkenner Brahmans.«[6]

Die Svetāshvatara-Upanishad lehrt uns im gleichen Sinne: »In Wahrheit bist du immer mit dem Herrn vereint. Jedoch musst du es *wissen*. Nichts anderes ist es wert, gewusst zu werden.«[7]

Vers 1,5 erinnert uns darüber hinaus an die unbarmherzige Verfolgung durch die unwissende, bösartige Menschenmasse, die viele große geistliche Lehrer zu ertragen hatten. Als Beispiel seien hier nur die Schicksale eines Origenes oder Sokrates, vor allem aber die Kreuzigung Jesu zu nennen. Dieser Vers lässt uns zudem wissen, dass die gesamte Natur und alle Geschöpfe (nicht nur die Menschen, sondern eindeutig auch die Tiere) eine Projektion Gottes sind, bei deren Anblick wir gleichzeitig Gott sehen können. Doch die in der materiellen Finsternis lebenden Menschen haben es nicht begriffen und versündigen sich auf mannigfaltige Art gegen Gott und seine Emanationen, in denen er überall zu finden ist. Sie führen Kriege gegen andere Menschen, töten Tiere und zerstören die Natur.

Es soll an dieser Stelle ausdrücklich betont werden, dass die oben dargestellten Schöpfungsberichte, die das Bewusstsein, das Denken und das Wort zur Grundlage haben, nicht im Sinne einer Schöpfung *ex nihilo* (aus dem Nichts) zu interpretieren sind. Vielmehr handelt es sich bei diesem Vorgang um eine Verstofflichung bereits vorhandener Bestandteile, deren Substanz ohne Anfang und ohne Ende ist.

Diesen Sachverhalt bestätigt der Schöpfungsbericht des Uddalaka, den wir in der Chāndogya-Upanishad finden: »Im Anfang war das Sein, Eines nur, ohne Zweites. Wohl sagen manche, im Anfang war das Nicht-Sein und aus diesem sei das Weltall entsprungen. Doch wie wäre das wohl möglich? Wie sollte Sein aus dem Nicht-Sein entspringen? Nein, mein Sohn, im Anfang war das Sein, nichts als das Sein – Eines nur, ohne ein Zweites.«[8]

Auch die Lehre des Origenes stimmt mit der Unvergänglichkeit der Ursubstanz überein: »Es kann wohl Veränderung und Verschiedenheit in sich aufnehmen und entsprechend seinen Verdiensten höher oder tiefer eingestuft werden, aber ein Vergehen der Substanz kann bei etwas, was von Gott gemacht ist, damit es sei und dauere, nicht eintreten« (De principiis III, 6).

Die materielle Schöpfung, also diejenige unserer Erde,

Sonne und des gesamten sichtbaren Weltalls überhaupt, war die letzte Stufe einer Reihe innerhalb der Schöpfungsperiode. Denn in einem viel früheren Zustand emanierten die Geistwesen, sozusagen als Funken, aus Gott, dem Großen Geist. War die Emanation an sich noch von Gott gewollt, so war die (materielle) Schöpfung bereits das Resultat eines vorangegangenen Sündenfalls; eines Abdriftens der sich individualisierenden Seelen von Gott. Der Sohar erklärt diesen Sachverhalt mit einem Gleichnis: »Das ist der Sinn der Worte: ›*Ein weiser Sohn erfreut den Vater, ein törichter Sohn ist die Trübnis seiner Mutter. Ein weiser Sohn,* das ist der Mensch im Zustand der Emanation, *ein törichter Sohn* im Zustand der Schöpfung.«[9]

Dass die Schöpfung durch Emanation und Ausdehnung (dann sind enthalten die verschiedenen Schöpfungsepochen, von innen nach außen – manchmal auch dargestellt von oben nach unten –, d. h. vom Feinstofflichen zum Grobstofflichen, somit vom Geiste im Anbeginn bis hin zur materiellen Schöpfung als der letzten Stufe) stattgefunden hat, wird uns von vielen Schöpfungsberichten und -mythen bestätigt. Allein die Gestaltung des Menschen zeigt, dass es sich so verhalten muss, dass die Schöpfung von innen nach außen erfolgt ist. Jesus sagte: »Das Himmelreich ist inwendig in euch«, und ebenso lehrte Buddha: »Wenn dir unterwegs ein Buddha begegnet, erschlage ihn; denn er ist ein falscher Buddha. Der wahre Buddha ist in euch.« Tief in unserem eigenen Wesen, im Kern sozusagen, ist der göttliche Funken, das Selbst, verborgen. Dieser wird umhüllt von der Seele, die ihrerseits wiederum von grobstofflicheren Körpern eingekleidet ist. Jene Formen inkarnieren in einem materiellen Körper hier auf Erden oder anderswo. Nach dem gleichen Muster verläuft die gesamte Schöpfung: Im Kern befindet sich sozusagen der ewig in sich selbst ruhende, unveränderliche Gott, der zugleich aber auch in alle Wesen eingegangen ist. Auf der inneren Linie um diesen Kern herum (bzw. in ihm) stelle man sich die erlösten Wesen vor, die sich (wieder) in ihrem Ursprungszustand (Nirvana) befinden. Der Kern und dieser mögliche innere Kreis sind unveränderlich, weder Zeit oder Leid noch Geburt und Tod unterworfen. Die hier verweilenden Wesen genießen das immer währende höchste Glück. Der nächste Kreis ist eine Zwischenstufe zwischen dem inneren und dem äußeren Kreis. Hier halten sich die Seelen in einem Zwischenzustand zwischen den irdischen oder sonstigen materiellen Inkarnationen auf. Sie erholen sich hier, verarbeiten gedanklich ihre letzte Inkarnation und bereiten sich auf die nächste Verkörperung vor. Auch hier existiert eigentlich kein Zeitgefühl. Der äußere Kreis stellt die in der Materie inkarnierten Seelen dar. Hier dreht sich das Rad der Zeit. So lehrt uns die Svetāshvatara-Upanishad: »Das weite Weltall ist ein ewig kreisendes Rad. Auf dieses Rad gebunden sind alle Geschöpfe, die Geburt, Tod und Wiedergeburt unterworfen sind. Es ist Brahmans Rad. Solange das Einzelwesen sich getrennt von Brahman wähnt, muss es sich mit dem Rade drehen, untertan dem Gesetz des Todes und der Wiedergeburt. Doch wenn durch Brahmans Gnade es seiner Einheit mit ihm inne wird, braucht es nicht länger mit dem Rad zu kreisen. Es erlangt Unsterblichkeit.«[10] Aus dem vorher Beschriebenen lässt sich erkennen, dass Zeit nur ein relativer und scheinbarer Begriff ist und es die Zeit nur im grobstofflichen Bereich gibt. Das bestätigt Platon im *Timaios,* in dem er mitteilt, dass der Zeitbegriff nicht auf das unvergängliche Sein übertragen werden kann, da es dort nur eine unveränderliche Gegenwart gibt. Im *Sphärenwanderer* wird der Schöpfungsvorgang im Einklang mit dem Beginn der Zeit beschrieben: »Als sich die Urkraft aus der Einheit zur ersten Wahrnehmung in Spannung begab – da wurde Raum. Der erste Konzentrationspunkt ruhte in sich selbst. Doch sofort begann ein Zweites das Erste zu umkreisen. Und es begann – Zeit.«[11]

Über die verschiedenen Welten lässt sich sagen, dass dieselben in dem Maße weniger rein wurden, als sie auf der Stufenleiter herabstiegen, wobei die niederste von allen die materielle Welt ist.[12]

Aus dem soeben Zitierten lässt sich leicht erkennen, dass der materielle Kosmos nichts anderes als eine (grobverzerrte) Widerspiegelung höherer geistiger Sphären ist. Die prinzipielle Gleichheit von *oben* und *unten* wird von den Kennern der Geisteswelt gelehrt. Alle sichtbaren Formen existieren als Ideen in der Ewigkeit, denn ohne ein entsprechendes Vorbild kann kein Abbild entstehen. Alle Formen haben sich von innen nach außen ausgebreitet.

In Platons Werk *Timaios* erzählt dieser (Timaios 29a) über die gewordene Welt als nach einem Vorbild geschaffenes Abbild: »Ist aber diese Welt schön und ihr Werkmeister gut, dann war offenbar sein Blick auf das Unvergängliche gerichtet, beider Voraussetzung dagegen, die auch nur auszusprechen frevelhaft wäre, auf das Gewordene.«

Eine weitere Frage, die sich uns im Zusammenhang mit der Schöpfung stellt, ist jene, ob die Schöpfung ein einmaliger Vorgang war oder ob sie sich in permanenten Zyklen wiederholt. Das nämlich lehren uns manche Religionen, und auch Origenes war dieser Ansicht. In diesen Theorien wird gelehrt, dass im Wachzustand Brahmas (des Schöpfergottes) das Weltall besteht; vom Zeitpunkt seiner Entstehung bis zu seiner Vernichtung (auch ein wissenschaftliches Denkmodell nimmt an, dass das Weltall durch einen Urknall entstand und sich anschließend in unermessliche Entfernungen ausdehnte. Hat es den höchsten Grad seiner Ausdehnung erreicht, folgt eine Entwicklung in die umgekehrte Richtung, und das All zieht sich wieder zusammen). Wenn Brahma in Schlaf versunken ist, ist das All in sein eines Urelement, das so genannte Uratom, zurückgekehrt.

Helena P. Blavatsky schreibt hierzu, dass eine unendliche Wesenheit von aller Ewigkeit her existiert, die wechselweise passiv oder aktiv ist. In der aktiven Periode dehnt sich demnach die göttliche Wesenheit aus, bis sie als letzte Wirkung das sichtbare Weltall hervorbringt. Umgekehrt zieht sich die göttliche Wesenheit in der passiven Periode in sich selbst zusammen, und die Materie des grobstofflichen Weltalls wird zersetzt.[13]

Auch der Koran berichtet über den zyklischen Schöpfungsvorgang. So lesen wir in Sure 29,20: »Haben sie denn nicht gesehen, wie Gott die Schöpfung am Anfang macht und sie dann wiederholt?«

Doch wir können aus diesen Berichten nicht entnehmen, dass der gesamte Kosmos mehrmals erschaffen wird. Wir wissen, dass innerhalb dieses gigantischen Kosmos ganze Sonnensysteme geboren werden und andere sterben; ein zyklischer Vorgang innerhalb des Universums. Wir können hieraus aber die Tatsache einer zyklischen Schöpfung des gesamten Universums weder herleiten noch bestreiten. So schreibt auch Helena P. Blavatsky: »Die geheimen Lehren in Bezug auf die Evolution des gesamten Kosmos können nicht gegeben werden, da sie selbst von den höchsten Geistern dieses Zeitalters nicht verstanden werden könnten.«[14]

Einen sich für einen gewissen Zeitraum wiederholenden Schöpfungszyklus des gesamten Universums halte ich zwar für möglich, denke aber, dass – falls diese Hypothese richtig sein sollte – es auch hierzu einmal einen Anfang gegeben hat und es deshalb auch ein Ende geben wird. Das möchte ich wie folgt begründen: Wir haben eingangs festgestellt, dass die materielle Welt offensichtlich nur deshalb entstand, um den abgefallenen Wesenheiten einen Halt zu geben. Also kann es demzufolge weitere Schöpfungen materieller Welten nur geben, wenn diese von den von Gott abgefallenen Wesen zu ihrer Aufwärtsentwicklung benötigt werden. Wenn einst das letzte Wesen erlöst sein wird, wird jede weitere materielle Schöpfung überflüssig sein. Würde man hingegen behaupten wollen, die materiellen Schöpfungszyklen würden nie aufhören zu sein, so hätten alle Lehren Unrecht, die besagen, dass die Seele sich irgendwann dauerhaft (!) wieder mit ihrem Ursprung vereinigen wird (wie auch Buddha lehrte: »Wer Nirvana erreicht hat, für den gibt es keine Rückkehr mehr zu dieser Welt.«) Außerdem müssten wir Gott unterstellen – wenn die Hypothese einer grobstofflichen Schöpfung, die den abgefallenen Wesen einen Halt geben will, richtig ist –, dass er keine Herrschaft über die kosmischen Vorgänge hätte und letztendlich liefe wieder alles auf ein Chaos hinaus.

In vielen Schöpfungsmythen spielt das (kosmische

Ur-)Ei eine wichtige Rolle. Dieses bezieht sich oft sowohl auf den Kosmos als auch auf die Erschaffung des Menschen. Die entsprechenden Mythen hierüber bilden somit einen hervorragenden Übergang zum nächsten Kapitel, in dem wir uns über die Entzweiung des ursprünglich androgynen Menschen in einen männlichen und weiblichen Teil informieren werden.

So wuchs in einer Schöpfungsgeschichte des Hinduismus das goldene Ei aus einem Samenkorn, das ein Jahr lang auf dem kosmischen Ozean umhergetrieben war. Schließlich schlüpfte Brahma aus dem Ei und teilte sich selbst in zwei Wesen, ein männliches und ein weibliches.

Auch der indische Purusha ist mit einem Mythos von der Halbierung des Welteies verbunden und entlässt aus dem männlichen Element das weibliche. In diesem Mythos finden wir einmal mehr einen Hinweis darauf, dass die ursprüngliche Androgynität (Doppelgeschlechtlichkeit) sich sowohl auf den gesamten Kosmos als auch auf den einzelnen Menschen bezieht. Die Teilung von Geist und Stoff und von männlich und weiblich bezieht sich auf alles in der Natur.

Ein Schöpfungsmythos des Kaiva-Kamu-Klans des Dorfes Orokolo, das im Papua-Golf-Gebiet liegt, lässt das erste Menschenpaar ebenfalls aus einem Ei hervorkommen. Nach diesem Mythos war die Erdoberfläche anfangs nur mit Wasser bedeckt. Es gab nur ein einziges Lebewesen, eine Riesenschildkröte, die mit ihren mächtigen Flossen schließlich Land vom Meeresboden nach oben schaufelte. Dieses Land wuchs und wuchs, bis die Schildkröte schließlich hinaufkletterte und sich ausruhte. Als sie ausgeruht hatte, grub sie Löcher in den Boden, die größer waren als ein Haus, und legte Eier hinein.

Nach einiger Zeit schlüpften die ersten Menschen aus den Eiern. Die ersten Menschen, die hervorkamen, waren Ivi Apo und Kerema Apo. Dies war das erste Menschenpaar in der Überlieferung dieser Bevölkerungsgruppe. Zu dieser Zeit war das erste Menschenpaar weder männlich noch weiblich, denn beide hatten keine Geschlechtsorgane. Ihre Lendengegend bestand aus nackter Haut. Erst später wurde Kerema Apo ein Mann und Ivi Apo eine Frau.

2.

Die Entzweiung

Dieses Kapitel über die Entzweiung des ursprünglich androgynen Menschen, der zugleich männlich und weiblich war, in zwei getrennte Wesen, einen Mann und eine Frau, bildet zusammen mit dem fünften und siebten Kapitel den eigentlichen Schwerpunkt der vorliegenden Ausarbeitung. In diesem Kapitel werden wir sehen, dass dieses Thema nicht nur in Platons *Gastmahl* zu finden ist, sondern als Urwissen zum Bestandteil aller großen Religionen gehört und auch in vielen Mythen der Urvölker nachzuweisen ist.

Um bei der Vielfalt der vorliegenden Informationen nicht den Überblick zu verlieren, werden die einzelnen Überlieferungen systematisch miteinander verglichen, sodass erkennbar wird, in welchen Punkten Übereinstimmungen oder auch (vermeintliche) Widersprüche vorliegen. Als Maßstab für den Vergleich wurden die entsprechenden Verse aus der Genesis ausgewählt. Jedes behandelte Bibel-Zitat wird in diesem Zusammenhang ausführlich kommentiert und mit anderen Überlieferungen verglichen.

Betrachten wir also die entsprechenden Aussagen der Genesis:

Und Gott schuf den Menschen zu seinem Bilde, zum Bilde Gottes schuf er ihn; und schuf sie als Mann und Weib. (1,27)

Als am Anfang die Seelen erschaffen wurden, waren sie

weder männlich noch weiblich, sondern beides, ein vollständiges Ganzes. (Edgar Cayce)

Gott bildete den Menschen, indem er Staub von der Erde nahm; er bildete ihn aber nicht einfach, sondern doppelt, nach dem Bilde und nach der Ähnlichkeit. (Simon Magus)

Der Mensch der Emanation ist männlich und weiblich zugleich … und so ist der Mensch dieser Stufe zweigesichtig …, und nur diese Gestalt ist eigentlich Mensch zu nennen. (Sohar)

Unzählige Mythen berichten von dem ursprünglich androgynen, d. h. zweigeschlechtlichen, mann-weiblichen Wesen, das sich später in einen männlichen und weiblichen Teil entzweite. Wir können somit feststellen, dass Gott den Menschen in Genesis 1 als Mann und Frau schuf, d. h. als mann-weibliches Wesen. Durch die anfängliche Emanation Gottes entstanden aus Ihm heraus die vollständigen, ganzheitlichen, mann-weiblichen Wesen. Erst in einem späteren Schritt teilte sich dieses ganzheitliche Wesen in zwei Teile, in die Polarität von männlich und weiblich. Diese Teilung war vermutlich durch den Fall in die Materie bedingt, in der alles aus Polaritäten (Tag und Nacht, Leben und Tod, Anfang und Ende, Gesundheit und Krankheit usw.) besteht. Daher kann der Mensch, der ja ebenfalls in der Materie lebt und dessen irdischer Leib durch die Materie entstanden ist, sich dieser Polarität nicht entziehen und ist ihr ebenfalls unterworfen. Hierzu müssen wir anmerken, dass wir sowohl die Information erhalten, dass die Trennung der Geschlechter durch den Fall in die Materie bedingt war als auch, dass der ursprüngliche Mensch auf Erden noch androgyn war – wie auch die verschiedenen Mythen berichten – und sich erst im Laufe der Zeit in zwei Geschlechter trennte. Hermann Rudolph erläutert diesen scheinbaren Widerspruch wie folgt: »Die Trennung der zweigeschlechtigen Menschheit in Männer und Frauen erfolgte in der Mitte der dritten oder lemurischen Rasse (vor achtzehn Millionen Jahren), als die Entwicklung auf der untersten Stufe angelangt war und der physische Körper seine völlige Ausbildung und Dichtigkeit erlangt hatte. Damit war der Fall in die Materie vollendet.«[1]

Zusammenfassend können wir festhalten, was sinngemäß auch Paulus in seinem ersten Brief an die Korinther (11–12) schreibt: Wie Gott aus Sich Selbst die ganzheitlichen Seelen entließ, so entließ eine jede Seele aus sich selbst heraus eine andere durch Selbstteilung, um Gesellschaft zu haben. Das bestätigt auch Edgar Cayce: »Dank ihrer androgynen Gottesnatur verfügten die ersten Seelen über die Fähigkeit, durch einen Willensakt ein *Gefährtenselbst* zu erschaffen, indem sie es von sich abspalteten.«[2] Nur das in Genesis 1 geschaffene Wesen ist das vollständige Abbild Gottes; der Mensch in Genesis 2 nur in Verbindung mit seinem Gegenüber, also der Mann durch die Frau und umgekehrt.

An dieser Stelle soll kurz die grundsätzliche Schwierigkeit erläutert werden, die ersten drei Kapitel der Genesis überhaupt einigermaßen in Zusammenhang bringen zu können, weil sie einerseits zumindest teilweise chronologisch zu interpretieren sind, sie andererseits aber zu widersprüchlich werden, wenn der Versuch unternommen wird, sie in ihrem gesamten Zusammenhang chronologisch zu interpretieren. So heißt es zwar schon im ersten Kapitel der Genesis, dass die Erde und ihre Bewohner (sowohl die Tiere als auch der mann-weibliche

Mensch, der hier ganz offensichtlich noch androgyn ist) erschaffen wurden, doch muss es sich bei dieser Beschreibung nicht unbedingt schon um die materielle Welt handeln. Es kann sich hierbei durchaus um eine feinstoffliche Formgebung handeln, die später der materiellen Formgebung zum Vorbild dient. Wenn man in diesem Zusammenhang bedenkt, dass der Mensch erst in Genesis 2,7 aus Erde vom Acker geformt wurde und den Odem des Lebens in die Nase geblasen bekam, scheinen wir für diese These eine Bestätigung zu finden. Doch dass die später erfolgte Teilung des Menschen tatsächlich – trotz aller entsprechender Überlieferungen, die diesen Anschein zwar erwecken, andererseits aber einen tieferen mystischen und allegorischen Sinn beherbergen und daher auf eine andere Ebene des Daseins zurückzuführen scheinen – in der Materie stattgefunden haben soll, ist ebenfalls schwer nachvollziehbar, weil die Entzweiung der Dualseelen nicht auf einen stofflichen Körper, sondern auf einen Seelenkörper zurückgeführt werden muss. Zu dieser These kommt die biblisch dargestellte Reihenfolge hinzu, nachdem zuerst die Dualseelen entzweit wurden (um Gesellschaft zu haben) und dann das Paradies bewohnen sollten – welches sich niemals auf dieser grobstofflichen Erde befand, sondern ebenfalls noch im Astralbereich – und erst infolge eigenen Verschuldens auf diese grobstoffliche Erde verbannt wurden, wie wir im nächsten Kapitel noch feststellen werden. Den eigentlichen Werdegang der Dualseelen innerhalb der materiellen Welt beginnt erst das vierte Kapitel der Genesis zu erzählen. Andererseits heißt es aber in Vers 3, 23 eindeutig, dass Gott den Menschen aus dem Garten Eden wies, damit dieser die Erde bebauen sollte, *von der er entnommen wurde.* Dies weist Widersprüche in sich auf, die wir hier auch nicht in dem gewünschten Maß zu erklären vermögen, und wir bitten die Leser deshalb, sich nicht zu wundern, wenn manchmal in einer Erläuterung zu einem bestimmten Vers sowohl astrale als auch grobstoffliche Ereignisse geschildert werden oder andere Widersprüche entstehen. Auch scheint es so, dass bestimmte Verse tatsächlich mehrere Daseinsebenen gleichzeitig beschreiben und – wie bereits angekündigt – nicht streng chronologisch geordnet sind.

So wissen wir beispielsweise, dass das erste Kapitel der Genesis im 6. Jh. v. Chr. von einem jüdischen Priester verfasst wurde, während das zweite Kapitel (ab Gen. 2,4) im 9. Jh. v. Chr. von einem Dichter, der in Jerusalem lebte, niedergeschrieben wurde. Man bezeichnet daher das erste Kapitel auch als priesterschriftliche Schöpfungsgeschichte (P) und das zweite Kapitel als jahwistische Schöpfungserzählung (J).

Kommen wir auf unser eigentliches Thema zurück. Rudolf Passian schreibt über die Dualseelen: »Gemäß der Dualseelen-Lehre traten wir ursprünglich als reine Geister ins Dasein. Jedem Ich war ein Du beigesellt ... die zusammen eine unverwechselbare, einander vollkommen ergänzende energetisch-fluidische Einheit bildeten.«[3]

Über die ursprüngliche Androgynität des Menschen führt Helena P. Blavatsky aus: »Jede Nation hielt ihren ersten Gott oder ihre Götter für androgyn; und es konnte auch nicht anders sein, da sie ihre entfernten ursprünglichen Vorfahren, ihre doppelgeschlechtigen Ahnen, als göttliche Wesen und Götter betrachteten.«[4]

In einem hebräischen Mythos heißt es von Tebel (der

obersten Erde eines siebenstufigen Aufbaus, auf dem noch ein paradiesischer Zustand herrschte), dass es dort Bewohner mit Doppelköpfen gibt, die »vier Ohren und vier Augen, doppelte Nasen und Münder, vier Hände und vier Beine, doch nur einen einzigen Rumpf haben. Wenn sie sitzen, sehen sie aus wie zwei Menschen, aber wenn sie gehen, wie einer. Wenn sie essen und trinken, streiten die beiden Köpfe miteinander und beschuldigen sich gegenseitig, mehr als den ihm zustehenden Anteil zu nehmen. Trotzdem gelten sie als rechtschaffene Wesen.«[5]

Dieser Bericht von den doppelköpfigen Menschen erinnert deutlich an Platons *Gastmahl,* in dem wir lesen, dass es ursprünglich drei Geschlechter gab; nämlich ein weibliches, ein männliches und ein mann-weibliches. Das trifft natürlich in dieser Form nicht zu, denn tatsächlich entstanden Mann und Frau durch Teilung eines ursprünglich mann-weiblichen Wesens. Platon dagegen zitiert in seinem ansonsten sehr informativen Werk die Aussage des Aristophanes, dass es ursprünglich drei Geschlechter gab – schon deshalb eine falsche Annahme, weil alle Seelen ursprünglich gleich waren – und das männliche und das weibliche Geschlecht ebenfalls geteilt wurden; nämlich in Mann und Mann bzw. Frau und Frau. In dieser Theorie soll die Homosexualität erklärt werden. Sie hat aber sicher andere Gründe, so z. B. weil zwei in gleichgeschlechtlichen Körpern inkarnierte Seelen instinktiv wissen, dass ihre Dualseele in der gegenwärtigen Inkarnation ebenfalls das gleiche Geschlecht angenommen hat oder weil eine Seele über viele vergangene Inkarnationen hinweg in dem anderen Geschlecht verkörpert war und sich mit der gegenwärtigen Geschlechtsrolle noch nicht identifizieren kann. Doch sehen wir uns jetzt an, welche Information wir im *Gastmahl* über das mann-weibliche Geschlecht finden: »Dieses mann-weibliche Geschlecht hatte einst Gestalt und Namen des männlichen und weiblichen Geschlechtes zu einem einzigen vereinigt.« Und weiter: »Die ganze Gestalt jedes Menschen war damals rund, der Rücken und die Seiten bildeten eine Kugel. Der Mensch hatte also vier Hände und vier Füße, zwei Gesichter drehten sich am Halse, und zwischen beiden Gesichtern stak ein Kopf, aber der Kopf hatte vier Ohren. Der Mensch besaß die Schamteile doppelt, und denkt euch das Weitere selbst aus: auch alles Übrige war demgemäß doppelt!«

Auch die aztekische Schöpfungssage von Tetzcoco weiß über ein ähnlich inniges Verhältnis von Mann und Frau zu berichten: »Eines Tages schoss der Sonnengott frühmorgens einen Pfeil vom Himmel herab ... Aus dem Loch, das der Pfeil gemacht hatte, kamen ein Mann und eine Frau hervor ... Des Mannes Körper war nur von den Achselhöhlen aufwärts vorhanden, der Körper der Frau ebenso, und um Kinder zu erzeugen, steckte der Mann seine Zunge in den Mund der Frau. Wie Elstern oder Sperlinge bewegten sie sich nur hüpfend vorwärts.«[6] Die aztekische Legende vom Edelsteinknochen, der zu einem Teil aus den Knochen von Männern und zum anderen Teil aus Knochen von Frauen bestand, und ein Mythos der Salomon-Inseln, nach dem aus einem Zuckerrohr eines Tages zwei Knospen hervortraten und einen Mann und eine Frau hervorbrachten, weisen ebenfalls auf die gemeinsame Quelle und innige Verbundenheit von Mann und Frau hin.

In Übereinstimmung mit diesen Ausführungen kennt

die indische Jaina-Sekte eine frühere Epoche der Welt, in der »Gatten und Gattinnen als Zwillinge zusammengeboren wurden, jeder 64 Rippen hatte und zwei Meilen hoch war«.[7] Ob Strophe 8.44 der hebräischen Adamschriften dasselbe meint, in der es heißt: »Bevor Chawah (gemeint ist Eva) starb, hatte sie Adam als Folge ehelicher Riten, die mit der höchsten Heiligkeit und Würde vollzogen wurden, dreißig Zwillingspaare geboren, jeweils einen Sohn und eine Tochter«[8], ist nicht bekannt, doch ist dies allem Anschein nach zu vermuten.

Auch in den Überlieferungen des Hinduismus und des tantrischen Buddhismus finden wir Hinweise auf die ursprünglich androgyne Natur jeder Erscheinung, wenngleich sich diese nicht direkt auf den menschlichen Bereich beziehen. So heißt es beispielsweise in der Katha-Upanishad: »Prajapati war dieses Weltall. Vac war seine Gehilfin. Er verband sich mit ihr … sie brachte diese Geschöpfe hervor und trat wieder in Prajapati ein.«[9] Auch der vor allem in Südindien verehrte Gott Shiva bildet mit seiner Gemahlin (Shakti) »die erste und anfängliche Entfaltung Brahmans in die Gegensätze der männlichen und weiblichen Prinzipien«[10], wird aber zugleich mit menschlichen Attributen ausgestattet, wenn behauptet wird, dass er seine irdische Entsprechung in jedem Manne hat, wie die Shakti die ihre in jeder Frau.[11]

Die Tatsache, dass die ursprüngliche Menschheit hermaphroditisch, also zweigeschlechtig war, mag bei manchem Leser auf Unverständnis stoßen, weil eine androgyne Lebensform auf Erden auf den ersten Blick nicht nachvollziehbar erscheint, doch ist der Hermaphrodismus bei den wirbellosen Kleintieren noch heutzutage weit verbreitet.

Und Gott der HERR sprach: Es ist nicht gut, dass der Mensch allein sei; ich will ihm eine Hilfe schaffen als sein Gegenüber. (2,18)

Diese Ausführung schließt praktisch direkt an Genesis 1,27 an. War der vollkommene Mensch zuvor noch mann-weiblich, aber allein, so sollte und wollte er einen passenden Gefährten haben. Über diesen Sachverhalt sind sich praktisch alle großen Religionen einig (eine Ausnahme hiervon bildet lediglich der Buddhismus; aber nicht durch Widerspruch des vorgenannten, sondern weil er hierauf nicht eingeht) und er wird ferner dargestellt in verschiedenen Mythen, bei Platon und bei Edgar Cayce. Nur sind die Meinungen darüber geteilt, ob die ursprünglich androgynen Wesen von Gott getrennt wurden (wie es die Bibel, der Koran und Platon lehren) oder sie sich selbst geteilt haben (wie es die fernöstlichen Überlieferungen und Edgar Cayce mitteilen). Der Grund für die Trennung war laut biblischer und hinduistischer Überlieferung sowie nach Cayce die Einsamkeit des androgynen Wesens. Doch gibt es auch Überlieferungen, die die Trennung als Bestrafung ansehen. Diese Auffassung wird in Platons *Gastmahl* und in manchen gnostischen Systemen vertreten.

In diesen Fällen stellt sich uns also die Frage, ob sich die verschiedenen Überlieferungen tatsächlich widersprechen oder ob sie sich bei näherer Betrachtung möglicherweise sogar ergänzen. Bezüglich des Urhebers der Trennung in zwei Teile ist es ja so, dass Gott den Menschen schuf bzw. die Seelen aus Gott heraus emanierten. Da diese Seelen selbst alle Eigenschaften Gottes in sich tragen – wenn heutzutage in der Regel auch nur noch intuitiv und unbewusst –, gilt der Mensch als Abbild Gottes. Es ist also kein Widerspruch vorhanden, wenn die einen sagen, die Trennung von Mann und Frau sei von Gott herbeigeführt worden, und die anderen behaupten, der ursprünglich androgyne Mensch habe sich selbst geteilt. Auch die Gründe für die Teilung müssen sich nicht widersprechen, denn die Teilung des Androgyn in zwei gegengeschlechtliche Wesen kann tatsächlich infolge der Einsamkeit vollzogen worden sein, um eine passende Gesellschaft zu haben, während die Trennung als Bestrafung nicht die vorher erwähnte Teilung in zwei Wesen meint, sondern die später erfolgte räumliche Trennung, in der die zusammengehörenden Seelenpartner, die wir als Dualseelen bezeichnen, sich über viele Inkarnationen hinweg nicht begegnen, weil sie auf irgendeine Weise gefrevelt haben.

Für die Gnosis ist (nämlich) »die Existenz der Frau die ewig gegenwärtige Erinnerung an die Urtrennung ... Die Trennung wird als die Zerstörung einer perfekten Welt gesehen – aber die Gnosis bietet auch eine Möglichkeit, die Trennung zu überwinden und die Einheit des Paradieses wiederherzustellen: Eva kann in Adam wieder aufgenommen werden.«[12]

Im Sohar finden wir die folgende Beschreibung der Trennung des ganzheitlichen Menschen in Mann und Frau: Es begann Rabbi Acha mit dem Schriftsatz: »Und es sprach JHWH Elohim (Jahwe bzw. Gott der HERR): Nicht gut ist es, dass der Mensch allein sei.« (1. Moses 2,18) Warum beginnt der Satz mit diesen Worten? Es wurde gelehrt, dass aus dem Grunde vom zweiten Tage nicht gesagt wird, »dass es gut ist«, weil der Mensch vereinsamen sollte. War er denn aber einsam, wo doch gesagt wird: »Männlich und weiblich erschuf Er sie.« Auch haben wir gelernt, dass der Mensch zweigesichtig erschaffen ward, und du sagst: »Nicht gut, dass der Mensch allein sei.« Vielmehr er bemühte sich nicht um seinen weiblichen Teil und hatte keine Stütze an ihm, da dieser nur seine Seite bildete und sie rückwärts wie eines waren – so war denn doch der Mensch allein. »Ich will ihm einen Gehilfen erschaffen ihm gegenüber.« (1. Moses 2,18) Das heißt seinem Antlitz gegenüber, dass eines am andern hafte, Angesicht an Angesicht. Was tat der Allheilige? Er sägte an ihm und nahm das Weibliche von ihm. Wie es heißt: »Und Er nahm eine seiner Rippen.« (1. Moses 2,21) Was bedeutet *eine?* Seine weibliche Seite, in gleichem Sinne wie in den Worten: »Eine ist sie, meine Taube, meine Reine.« (Hohelied 6,9) »Und Er brachte sie zu Adam.« (1. Moses 2,22) »Er rüstete sie wie eine Braut und ließ sie vor sein leuchtend Angesicht kommen: Angesicht zu Angesicht«.[13]

Dieser Bericht ist allegorisch und darf keinesfalls wörtlich gelesen werden. Das lehrt uns vor allem der Umstand, dass Gott keine Säge benutzte, um den weiblichen und männlichen Teil des Menschen voneinander zu trennen. Richtig gelesen, entschlüsselt er einige tiefgründige Geheimnisse. Zunächst müssen wir uns an dieser Stelle fragen, wie die Trennung der Geschlechter überhaupt richtig verstanden werden kann. Wenn Mann und Frau zwei Pole desselben urzeitlichen Individuums sind, aus denen später zwei Hälften wurden, so muss bedacht werden, dass sie füreinander geschaffen wurden, um Gesellschaft zu haben. Wenn sie aber zu zwei Wesen wurden, dann mussten sie doch auch zuvor schon zwei gewesen sein bzw. die latente Fähigkeit in sich gehabt haben, zwei zu werden (vgl. hierzu die im siebten Kapitel der vorliegenden Ausarbeitung beschriebene Astralkörper-Verschmelzung, die das höhere Vorbild für die geschlechtliche Vereinigung zweier in grobstofflichen Körpern inkarnierender Liebender ist). Wenn sie aber zuvor schon zwei Wesen waren (die jederzeit zu einem Wesen verschmelzen konnten und auch wieder auseinander hervorgehen konnten, um zwei zu werden), so haben sie das offensichtlich vor der in den Versen 2,21ff. der Genesis dargestellten Entzweiung noch nicht gewusst und waren deshalb allein; weil sie ihren Gefährten nicht erkennen konnten und sich deshalb allein fühlten. Diese Annahme wird vor allem noch dadurch untermauert, dass die beiden Teile des ursprünglichen Menschen einigen Überlieferungen zufolge *Rücken an Rücken* miteinander verbunden waren (diesen Hinweis finden wir beispielsweise auch in Platons *Gastmahl*). Diese allegorische Formulierung will uns also vermitteln, dass die beiden Teile schon vorher (auch als *zwei Teile*) vorhanden waren, aber noch keine Kenntnis voneinander hatten und sich aus diesem Grunde allein fühlten und keine Stütze besaßen. Die anschließende Zuführung der beiden Hälften *von Angesicht zu Angesicht* besagt demzufolge, dass sie in diesem Augenblick Kenntnis voneinander erhielten und sich als *zwei Hälften desselben Wesens* erkannten (wie es der Genesis-Bericht in den Worten »Das ist doch Fleisch von meinem Fleisch« ausdrückt) und von nun an eine gegenseitige Hilfe und Stütze hatten (»Ich will ihm eine Hilfe schaffen als sein Gegenüber«). In diesem Fall wäre die hier beschriebene Erschaffung der Frau gar nicht wirklich eine Teilung gewesen, sondern eine Bewusstmachung des weiblichen Teils.

Vor dem Erkennen des Seelengefährten (Gen. 2,23) lag der Mensch nämlich im Tiefschlaf (Gen. 2,21), d. h. im Nichtwissen der Tatsache, dass er schon Gesellschaft hatte, sie jedoch nicht realisierte (so wie beispielsweise die Brihadāranyaka-Upanishad darüber berichtet, dass man nur in der Zweiheit den anderen sieht und kennt, doch für den Erleuchteten das All sich im Selbst auflöste und mit der Frage schließt, wer dann wohl von wem gesehen und wer wen kennen sollte). Da es sich bei dieser Beschreibung der Brihadāranyaka-Upanishad um einen erstrebenswerten Zustand handelt, der eindeutig Nirvana meint – den Endzustand der Seelen, in dem sie sich im Anbeginn befunden haben –, unterstützt dies natürlich unsere These, wirft aber auch zwei Fragen auf, die hier unbeantwortet bleiben werden: Warum ist die Einsamkeit und das mit derselben verbundene Nichtkennen von anderen Wesen der erstrebenswerte Zustand? War nicht aber dann – wenn diese Beschreibung tatsächlich wörtlich gemeint sein sollte – das Erkennen der Frau schon etwas Negatives, weil hierdurch die Zweiheit ihren Anfang nahm?

Zumindest bleibt hier als Fazit der im zweiten Kapitel der Genesis beschriebenen Entzweiung festzuhalten, dass dieselbe dem Menschen erst seine vorher schon vorhandene andere Hälfte bewusst gemacht hat und die beiden Teile sich schließlich erkannten. Denn – wie bereits kurz erwähnt wurde und später noch ausführlicher erläutert wird – es verhält sich auch umgekehrt so, dass die Dualseelen wieder zu ihrer anfänglichen Wesenseinheit zurückfinden sollen und wollen, bei dieser Wiedervereinigung jedoch zwei Wesen bleiben, weil keines jemals untergeht. Die Verschmelzung – ob nun die der Dualseelen miteinander oder jene im Nirvana mit allen Erlösten und der Substanz des Lebens schlechthin, die wir im allgemeinen als Gott bezeichnen – bedeutet auf keinen Fall den Verlust der Identität; und so müssen die Dualseelen folglich auch schon vor der Entzweiung zwei (allerdings einander nicht erkennende) Wesen gewesen sein, die in ihrer paarweisen Einheit den Menschen in seinem Vollbestand ausmachen.

Wir wollen hier zunächst aber nur festhalten, was das oben erwähnte Bibelzitat wörtlich aussagt und mit Sicherheit ebenso allegorisch meint: Dass nämlich der Mensch erst durch das Gegenüber wirklich zum Menschen wird; der Mann durch die Frau und umgekehrt.

Da ließ Gott der HERR einen tiefen Schlaf fallen auf den Menschen, und er schlief ein. Und er nahm eine seiner Rippen und schloss die Stelle mit Fleisch. (2,21)

Die Darstellung, dass der ursprünglich androgyne Mensch während eines Tiefschlafes oder einer tiefen Bewusstlosigkeit zu zwei Wesen wurde, meint, dass beide vorher bereits zusammen waren und ein Wesen bildeten; aber infolge des Falles in die Polarität selbst auch dieser unterworfen waren und dadurch die Trennung in zwei Geschlechter stattfand. Die während eines Tiefschlafes oder einer tiefen Bewusstlosigkeit herbeigeführte Trennung bedeutet – unter Berücksichtigung der im vorgenannten Text aufgestellten Hypothese – entweder, dass sich beide Wesenshälften (sowohl die männliche als auch die weibliche) bis zu dem in Gen. 2,23 beschriebenen *Erkennen* des Seelengefährten im *geistigen Tiefschlaf* befunden hatten oder einfach nur, dass beide sich an dieselbe nicht erinnern konnten. Dieses Phänomen des *Nicht-Erinnerns* kennen wir ja auch im jetzigen Leben, wenn wir morgens aufwachen und uns nicht an unsere nächtlichen Träume (oder gar Astralreisen) erinnern können. Ebenso wenig können wir uns in der Regel an die Zeit vor der Geburt (an die Zeit im Mutterleib, die letzte Inkarnation etc.) erinnern. Auch wenn man irgendeine böse oder schamhafte Tat begangen hat, kann es zu einem Gedächtnisverlust kommen. Auf dieselbe Weise konnte sich vermutlich auch der zweigeteilte Mensch nicht an den Grund und die Vollziehung seiner Teilung erinnern. Das spätere Wiedererkennen (»Das ist doch Fleisch von meinem Fleisch«) gleicht einer Intuition, wie wir sie auch im gegenwärtigen Leben haben, wenn wir uns »auf den ersten Blick verlieben«. Auch diese Liebe auf den ersten Blick ist in der Regel ein Wiedererkennen einer großen Liebe aus einer früheren Inkarnation. Aus vergangenen Inkarnationen stammen auch spontane Zuneigungen oder Abneigungen gegenüber Personen, denen wir in diesem Leben noch gar nicht begegnet sind; bei deren Begegnung wir aber sofort ein Gefühl des Wohlbehagens oder der Beklommenheit empfinden. Dabei müssen diese Personen nicht mit jenen identisch sein, sondern können uns infolge eines ähnlichen Aussehens und ähnlicher Charaktereigenschaften lediglich an sie erinnern.

Die Darstellung, wonach der Mensch während eines tiefen Schlafes seinen Seelengefährten erhielt, finden wir auch bei den Quiche, nach deren Überlieferung die ersten Menschen vier Männer waren. »Nur als Geschaffene (nicht Geborene) werden sie bezeichnet, denn sie hatten keine Mutter und keinen Vater, und sie werden einfach

›Menschen‹ genannt. Kein Weib hatte sie geboren, und sie wurden auch nicht etwa erzeugt durch den Schöpfer; rein durch Zauberei wurden sie von ihm erschaffen ... Während eines Schlafes erhielten sie wahrhaft schöne Frauen ... Sogleich waren ihre Herzen wieder froh, weil sie nun Gattinnen hatten.«[14]

In diesem Bibelzitat und in der Überlieferung der Quiche kann man wahrhaft den Eindruck gewinnen, dass der Mensch sich quasi einen Seelengefährten »erträumt« hat (wenn wir hier die zuvor behandelte Möglichkeit einer Bewusstmachung der gegengeschlechtlichen anderen Hälfte einmal außer Acht lassen), hier der Mann seine Frau. Somit könnte man den Seelengefährten als »Produkt des eigenen Geistes« umschreiben. Weil der Seelengefährte im Tiefschlaf geschaffen wurde, war es aber keine willentliche Zeugung, sondern eine unbewusste; wohl aber eine unbewusste, die aus dem tiefen Wunsch heraus entstand, ein passendes Gegenüber zu haben, um nicht mehr allein zu sein und eine Hilfe zu haben für die Aufgaben, die es zu erfüllen galt. Das ganzheitliche Wesen inkarnierte zunächst in einen androgynen (Astral-)Körper durch Materialisierung, d. h. der Körper entstand rein durch Energie und wurde nicht in einem Mutterleib geboren. Da dieses Wesen allein stand und einer Gesellschaft bedurfte, die ihm entsprach, konnte diese nur aus ihm selbst geschaffen werden, da nur ein solcher Partner wirklich wesensverwandt mit ihm selbst war. So entstand der Wunsch nach Gesellschaft und wurde so stark, dass er sich über die Geisteskraft und mit Gottes Hilfe ebenfalls vermaterialisierte. Das erste Wesen, im Allgemeinen als Mann identifiziert (obwohl es meines Erachtens angebrachter erschiene, schon in diesem Stadium von zwei

– allerdings sehr eng miteinander verbundenen – Hälften zu reden), schlief ein. Als es wieder aufwachte (wir folgen hier dem traditionellen Beispiel und identifizieren es als Mann, obwohl wir es genauso gut umgekehrt darstellen könnten), sah es ein wundervolles weibliches (bzw. gegengeschlechtliches) Geschöpf neben sich liegen: Aus ihm selbst hervorgegangen als ein Produkt seiner Geisteskraft bzw. Abspaltung seiner bis dahin nicht gekannten anderen Hälfte. Wir dürfen nicht annehmen, dass bei diesem Vorgang lediglich ein physischer Körper aus einem anderen entstand. Denn in diesem Fall wären beide nicht wirklich zwei Hälften desselben Individuums gewesen und im Geiste verwandt miteinander, ebenso wie ein neugeborenes Kind nicht ein Geistwesen mit seiner Mutter ist, sondern ein eigenes Individuum mit eigener Biografie und eigenem Karma auf Grund seiner Präexistenz. Die Artverwandtschaft der Dualseelen ergibt sich vielmehr daraus, dass beide aus einem Geistwesen gebildet wurden.

Und Gott der HERR baute ein Weib aus der Rippe, die er von dem Menschen nahm, und brachte sie zu ihm. (2,22)

Hier wird ganz eindeutig zum Ausdruck gebracht, dass die Materialien für die Erschaffung der Frau aus dem Mann bzw. dem ganzheitlichen Menschen entnommen wurden und nicht etwa von irgendwo anders her. Sie sind also voneinander abhängig und ergänzen sich gegenseitig in idealer Weise; sie sind zwei Hälften eines Ganzen, zwei Hälften derselben Person. Die Erschaffung Evas aus der Rippe bzw. der Seite Adams (das hebräische Wort *zela* kann nach Luther sowohl mit »Rippe« als auch mit »Seite« übersetzt werden; und wenn wir uns vergegenwärtigen, dass Mann und Frau durch Entzweiung des ursprünglich androgynen Menschen entstanden sind, ist die Seite die zutreffendere Übersetzung) weist darauf hin, dass hier nicht etwas völlig Neues, vorher nicht Vorhandenes entstand, sondern dass etwas bereits Vorhandenes abgespalten wurde und eine Eigenexistenz erhielt. Dies bestätigt sinngemäß auch Helena P. Blavatsky: »Eva wird nicht ›erzeugt‹, sondern sie wird aus Adam herausgezogen, nach Art der ›Amoebe A‹, die sich in der Mitte zusammenzieht und zur Amoebe B spaltet – durch Teilung.«[15] Nachdem die Frau aus seiner Rippe geformt oder vielmehr aus seiner Seite entnommen wurde, wurde sie ihm zugeführt. Sie wurde ihm nicht von irgendwo her, also von außen zugeführt, sondern von seinen eigenen Bestandteilen. Hieraus lässt sich erkennen, dass zwei von Gott füreinander bestimmte Menschen – es sei denn, das Karma erfordert es anders, was in vielen Inkarnationen aber der Fall ist – aus einer gemeinsamen Wesenheit hervorgingen; genauso wie wiederum all jene androgynen Wesenheiten aus dem großen Wesen, aus Gott, hervorgegangen sind.

Eine »Rippen-Version« finden wir auch in einem Mythos der Cheyenne, nach dem zunächst der Mann aus einer Rippe des Höchsten Wesens gebildet wurde und anschließend die Frau aus einer Rippe des Mannes.[16]

Bei der Analyse des Cheyenne-Mythos, der im zweiten Halbsatz mit der Genesis-Überlieferung übereinstimmt, wollen wir nicht dem Irrtum der exoterischen Interpretation aufsitzen und behaupten, die Frau sei aus dem Manne genommen und der Mann von daher das höherwertige und zeitlich früher da gewesene Wesen.

Vielmehr handelt es sich bei der biblischen Darstellung um die Teilung eines ursprünglich androgynen Wesens in einen männlichen und einen weiblichen Teil bzw. um die Bewusstmachung zweier unterschiedlicher und doch zum gleichen Individuum gehörenden Hälften, die sich nun endlich erkannten. Wir werden diesen Tatbestand bei den nachfolgend behandelten Aussagen bestätigt finden.

Paulus, der den Genesis-Bericht von der Erschaffung der Frau aus dem Mann beim Wort nimmt, irrt sich also in seinem ersten Brief an die Korinther, wenn er schreibt: »Denn der Mann ist nicht von der Frau, sondern die Frau von dem Mann. Und der Mann ist nicht geschaffen um der Frau willen, sondern die Frau um des Mannes willen.« (1. Kor. 11,8 und 9) Dann aber korrigiert Paulus das eben erwähnte Zitat selbst und schreibt: »Doch in dem Herrn ist weder die Frau etwas ohne den Mann noch der Mann etwas ohne die Frau; denn wie die Frau von dem Mann, so kommt auch der Mann durch die Frau; aber alles von Gott.« (1. Kor. 11,11 und 12)

Auch Wilhelm Kienzler berichtet, »dass die maßgebende hebräische Fassung nichts von einer Rippe Adams berichtet, sondern dass Gott die Frau ›aus der Seite Adams‹ herausnahm, also den androgynen Adam in zwei getrennte Wesen aufteilte, in Mann und Weib.«[17] Wie wir im ersten Absatz der Kommentierung zu Gen. 2,22 bereits festgestellt haben, kann das hebräische Wort *zela* sowohl mit »Rippe« als auch mit »Seite« übersetzt werden. Die Bedeutung dessen, was der Schreiber hier mitteilen will, bezieht sich auf die Seite. Hieran kann man erkennen, wie durch eine unsachgemäße Übersetzung der ursprüngliche Sinn entstellt werden kann.

Wie in Platons *Gastmahl* und im Sohar finden wir auch einen hebräischen Mythos, der besagt, »dass Adam ursprünglich als ein Zwitter mit einem männlichen und einem weiblichen Körper erschaffen wurde, die Rücken an Rücken miteinander verbunden waren. Da diese Position die Fortbewegung erschwerte und Gespräche mühsam machte, halbierte Gott den Zwitter und gab jeder Hälfte ein neues Hinterteil.«[18]

Auch der Sohar widmet sich diesem Thema: »Das Weibliche ist untrennbar von der Region des Männlichen, darum wird es genannt ›meine Taube, meine Reine‹. Lies nicht ›meine Reine‹, sondern ›mein Zwilling‹ … Wenn sie sich dann von Angesicht zu Angesicht verbinden, erscheinen sie als ein Körper wahrhaftig. Daraus folgt, dass das Männliche allein nur als ein halber Körper erscheint … und ebenso das Weibliche; erst wenn sie sich verbinden, werden sie zur Einheit.«[19] Diese Passage ist besonders aufschlussreich wegen der Formulierung »mein Zwilling«, was ganz eindeutig die Dualseelen-Lehre bestätigt!

In der Brihadāranyaka-Upanishad finden wir die folgende Stelle, die sowohl auf die Trennung im Großen, nämlich der Entstehung des materiellen Kosmos, als auch auf die Trennung im Kleinen, nämlich die der vormals androgynen Menschheit hinweist: »Am Anfang war hier nur das Selbst (also das ursprünglich Eine ganz allein); es war wie ein Mensch (ein Hinweis über die prinzipielle Gleichheit des ›kleinen‹ und des ›großen‹ Menschen; ein Hinweis, dass der Mensch nach Gottes Ebenbild erschaffen wurde). Es blickte sich um und sah nichts anderes als sich selbst (dieser Satz erinnert an die Erläuterung von Leo Schaya: Angesichts des ›Einen ohne

tion ist der japanische Mythos von Izanami und Izanagi, dem rein menschlich gezeichneten Urelternpaar, vergleichbar, denn dieser Mythos weiß von einer ähnlich ekstatischen Freude zu berichten. Nachdem beide getrennt voneinander um den himmlischen hehren Pfeiler (den kosmischen Nabel oder Pfahl, der Himmel und Erde verbindet) in entgegengesetzter Richtung herumgegangen sind und sich wieder trafen, rief Izanami: »Oh, welch schöner Mann!« Izanagi rief: »Oh, welch schöne Frau!«[23]

Von da an hatte Adam endlich die Gesellschaft, die ihm entsprach, weil sie seine seelische Grundabstimmung teilte; ein Wesen, wie er es sich immer gewünscht und ersehnt hatte. Beide genossen das vollkommene Glück und er hing an ihr wie auch sie an ihm hing. War sie einmal außer Sichtweite, vermisste er sie schon und merkte, wie wenig er ohne sie war. Umgekehrt war es genauso. Daher konnten beide den Gedanken nicht ertragen, jemals getrennt zu werden. Sie mussten diese Trennung, vor der sie eine so große Angst hatten, aber nicht befürchten, denn Gott hatte sie aus einem Wesen füreinander geschaffen, damit sie beieinander blieben. Dass sich ihre Wege später dennoch trennten, lag, genauso wie ihr Abfall von Gott, ihrem Ursprung, an ihrem eigenen Fehlverhalten.

Das wird auch vom Koran, hier in Bezug auf die gesamte Menschheit, bestätigt: »Die Menschen waren nur eine einzige Gemeinschaft. Dann wurden sie uneins ...« (Sure 10,20).

Ein häufiges Symbol für die Verbindung zum Seelengefährten ist der Spiegel bzw. das Spiegelbild, weil die Dualseelen, obgleich sie durch die Getrenntheit in zwei verschiedene Körper dem Anschein nach zwei Wesen sind, in Wirklichkeit ein Geistwesen bilden.

Dies bestätigen auch die Erkenntnisse von Ramala, die hier als Basis zur Verdeutlichung ihrer Erkenntnis die Ehe heranziehen: »Die Ehe kann mit einem Spiegel verglichen werden, der beiden Partnern immerzu das Wesen der schöpferischen Energie, die ihrer eigenen entgegengesetzt ist, vor Augen hält. Durch die Auseinandersetzung mit diesem Bild lernt man sich selbst kennen.«[24] Auch Joyce und Barry Vissell schreiben: »Je tiefer sich ein Paar liebt, umso mehr werden sie zum Spiegel füreinander.«[25]

Die in unserem Kulturkreis mit Sicherheit bekannteste Person, die ins eigene Spiegelbild verliebt war, ist Narkissos, Sohn des böotischen Flusses Kephissos und der Nymphe Leiriope. »Als er klein war, fragte seine Mutter den Seher Teiresias, ob ihr Sohn ein langes Leben haben werde. Die Antwort lautete: ›Ja – wenn er niemals sich selber erkennt‹ – eine rätselhafte Antwort, die niemand verstand. Als Jüngling war Narkissos so schön, dass ihn viele Menschen, Männer wie Frauen, liebten; doch er verschmähte sie alle … Der Jüngling aber musste für seine Grausamkeit büßen. Ein von ihm verschmähter Liebhaber betete zur Nemesis, und diese verdammte ihn dazu, sein schönes Spiegelbild in einem Teich des Berges Helikon zu begrübeln. Je länger er es ansah, desto mehr verliebte er sich in sich selbst. Diese Leidenschaft ließ ihn nicht mehr los, Tag für Tag lag er an dem Weiher, bis er endlich dahinschwand und starb.«[26]

Eine Kombination dieser Geschichte mit der Einsamkeit des ersten Menschen kennt eine indische Legende, nach der der Mann allein in der Welt umherstreifte.

»Sich im Spiegel einer Wasserfläche erblickend, rief er aus: ›Dies ist das schönste von allen Geschöpfen.‹ Und er jagte unaufhörlich durch die ganze Welt, um es zu finden, nicht wissend, dass er sich selbst suchte ... Als der Schöpfer dies sah, sagte er zu sich selbst: ›Ach, dies ist eine Schwierigkeit, die ich nicht voraussah ... Ich muss dieses Übel auf irgendeine Art heilen ... irgendetwas Drittes ist daher nötig ...‹ So sammelte er die Spiegelungen auf den Oberflächen der Teiche und machte daraus ein Weib.«[27]

Da die Spiegelungen das Abbild des Mannes sind, wird die Frau auch in dieser Erzählung gewissermaßen – wenn auch nur indirekt – aus dem Manne geschaffen, wodurch auch diese Geschichte die Dualseelen-Lehre bestätigt.

Auch Goethe schreibt im *Faust* von der im Spiegelbild erblickten Liebe und die Strophen 3332 f. legen die Vermutung nahe, dass es sich um Zwillingsseelen handelt, denn hier lässt Goethe den Faust sagen: »Ich bin ihr nah, und wär ich noch so fern, ich kann sie nie vergessen, nie verlieren.«

Hierzu ist anzumerken, dass die Dualseelen-Lehre davon ausgeht, dass zwischen den beiden Seelengefährten eine Art Band besteht, das nie zerreissen kann, wie weit sie sich auch immer vorübergehend voneinander entfernt haben mögen.

Darum wird ein Mann seinen Vater und seine Mutter verlassen und seinem Weibe anhangen, und sie werden sein ein Fleisch. (2,24)

Von Bedeutung ist der Hinweis, dass der Mann sich an seine Frau anhängen wird. Der Mann sucht hier weder eine zu ihm passende Frau noch irgendeine Frau, sondern er bindet sich an seine Frau, womit hier eigentlich nur seine Dualseele gemeint sein kann. Die Beschreibung, dass Mann und Frau ein Fleisch werden, meint zum einen die körperliche Vereinigung zwischen den beiden und zum anderen ihre Lebensgemeinschaft in Form der Ehe. In ihrem ursprünglichen Sinn bedeuten Geschlechtsverkehr und Ehebund ihre völlige Zusammengehörigkeit. Und in ihrer tiefen, eigentlichen Bedeutung waren Hochzeit und Geschlechtsverkehr für die zusammengehörenden Seelenpaare bestimmt. Wenn diese Art der tiefen Liebe zueinander in der heutigen Zeit leider nur noch einen Ausnahmefall darstellt, so ist dies eine andere Sache.

Rudolf Passian zitiert Elisabeth Schramm-Schober hierzu: »Leider ist das Wissen um das Dual der Allgemeinheit vollständig verloren gegangen. Die Folge davon ist, dass sich der Mensch von heute in Dutzenden von billigen Abenteuern verzettelt, dass er ... mit allen Partnern eines erlebt, statt mit einem Partner alles zu erleben.«[28]

Dieser Vers (2,24) ist ein Hinweis mit prophezeiender Wirkung, der besagt: Später einmal, wenn die Dualseelen einen irdischen Körper annehmen werden durch die Geburt im Mutterschoß, werden sie – nicht nur der Mann – ihre Eltern verlassen, um sich ihrerseits miteinander in der Weise zu verbinden, wie es auch ihre Eltern taten und wie sie einst miteinander verbunden waren. In dem hier beschriebenen Stadium sind sie aber noch Geistwesen, die nicht geboren wurden, sondern ungeboren aus der göttlichen Substanz emaniert sind.

Eine Fehldeutung wäre in diesem Zusammenhang sicher, sich Vater und Mutter als die göttliche Substanz vorzustellen, die der Mann verlässt, wenn er sich mit seinem Weibe vereint, weil dieser Vers dann in dem Bericht über den in Kapitel 3 beschriebenen Sündenfall eingearbeitet wäre.

Unter Bezugnahme auf Gen. 2,24 (vgl. Eph. 5,31) schreibt Paulus an die Epheser: »Ihr Männer, liebt eure Frauen, wie auch Christus die Gemeinde geliebt hat …« (Eph. 5,25). »So sollen auch die Männer ihre Frauen lieben wie ihren eigenen Leib. Wer seine Frau liebt, der liebt sich selbst« (5,28; eine deutliche Parallele zu den unter Gen. 2,23 aufgeführten Spiegel-Geschichten). »Denn niemand hat je sein eigenes Fleisch gehasst; sondern er nährt und pflegt es, wie auch Christus die Gemeinde.« (5,29)

Auch im Koran finden wir einige Passagen, die auf die innige Verbundenheit von Mann und Frau sowie den richtigen Umgang miteinander hinweisen: »Er ist es, der euch aus einem einzigen Wesen erschaffen hat, und Er hat aus ihm seine Gattin gemacht, damit er bei ihr wohne …« (Sure 7,190). »Und es gehört zu Seinen Zeichen, dass Er euch aus euch selbst Gattinnen erschaffen hat, damit ihr bei ihnen wohnt. Und Er hat Liebe und Barmherzigkeit zwischen euch gemacht. Darin sind Zeichen für Leute, die nachdenken« (Sure 30,22).

Die eigentliche, tiefe Bedeutung dieses Bibelzitates wird in eindrucksvoller Weise in Platons *Gastmahl* beschrieben: Nachdem die ursprünglich zwitterhaften Menschen auf Grund ihrer Verwegenheit zur Strafe von Zeus entzweigeschnitten wurden, »kam in jedem Menschen die große Sehnsucht nach seiner eigenen anderen Hälfte auf, und die beiden Hälften schlugen die Arme umeinander und verflochten ihre Leiber und wollten wieder zusammenwachsen und starben vor Hunger, wild und wirr, denn keine wollte ohne die andere etwas tun. Doch da hatte Zeus Erbarmen mit dem Menschengeschlechte und schuf ein neues Mittel. Er setzte die Schamteile nach auswärts. Bisher hatten die Menschen sie rückwärts besessen (sicher eine allegorische Beschreibung in Anlehnung an die ursprüngliche Verbundenheit *Rücken an Rücken*) und wie die Zikaden in die Erde gezeugt und aus der Erde geboren. Und indem Zeus die Schamteile also versetzte, ließ er die Menschen ineinander zeugen und aus sich selbst gebären (diese Aussage kann als Parallele zu Gen. 3,16 bezeichnet werden, wo Gott nach dem Sündenfall zum Weibe spricht: Ich will dir viel Mühsal schaffen, wenn du schwanger wirst; unter Mühen sollst du Kinder gebären), damit von jetzt an, wenn der Mann dem Weibe beischläft, das Geschlecht sich fortpflanze. Von dieser Zeit her, Freunde, ist Eros den Menschen eingeboren und da, damit er die Menschen zu ihrer alten Natur zurückführe und aus zwei Wesen eines bilde und so die verletzte Natur wieder heile. Wenn der Gastfreund von uns scheidet, so teilen wir mit ihm einen Würfel, und jeder behält die Hälfte, und später erkennen wir uns an den Hälften. Und jeder Mensch, möchte ich sagen, ist ein also geteilter Würfel und sucht im Leben dessen andere Hälfte. Wie die Butten sind wir entzweigeschnitten, aus einer Butte sind zwei geworden.« Und die Erläuterung des Aristophanes fasst abschließend zusammen: »Denn so war einst unsere alte Natur: wir waren einst ganz, und jene Begierde nach dem Ganzen ist Eros. Wir waren einst ein Wesen, und weil wir gefrevelt haben, sind wir vom Gotte gespalten worden.«

Auf die tiefere Bedeutung des *Eros,* des Geschlechtsverkehrs, werden wir in den Kapiteln 5 und 7 noch näher eingehen.

Bezüglich der Änderung der Fortpflanzungsart stellt Helena P. Blavatsky fest, »dass diese nicht plötzlich auftrat, wie man meinen möchte, sondern langer Zeiträume bedurfte, bevor sie der einzige ›natürliche‹ Weg wurde.«[29] Nach dem von ihr zitierten Bericht des Vayu Purana »fand die Geburt aus dem Ei, aus dem Dunst, aus der Vegetation, aus den Hautporen und, erst zum Schluss, aus dem Schoß statt.«[30]

Noch heute findet bei manchen der so genannten niederen Tierarten die Geburt der Nachkommenschaft nicht aus dem Mutterschoß statt, sondern durch Teilung, Ausatmung, Knospung oder aus der Erde heraus.

Helena P. Blavatsky schlussfolgert, »dass jedes lebende Geschöpf und Ding auf Erden, einschließlich des Menschen, sich aus einer gemeinsamen Urform entwickelt hat. Der körperliche Mensch muss durch dieselben Stadien des Entwicklungsprozesses in den verschiedenen Fortpflanzungsarten hindurchgegangen sein, wie es andere Tiere getan haben; er muss sich selbst geteilt haben; dann muss er als Hermaphrodit parthenogenetisch (nach dem unbefleckten Prinzip) seine Jungen hervorgebracht haben; das nächste Stadium wäre das ovipare – zuerst *ohne irgendwelches befruchtende Element,* dann *mit Hilfe der befruchtenden Spore;* und erst nach der endgültigen und bestimmten Entwicklung der beiden Geschlechter konnte er ein unterschiedenes *Männlein und Fräulein* werden, als die Fortpflanzung durch geschlechtliche Vereinigung sich zu einem universalen Gesetz gestaltete.«[31]

Hermann Rudolph referierte zu diesem Thema: »Es

wird gesagt, dass es eine Zeit auf Erden gab, in der die Menschen nicht in Männer und Frauen geschieden waren und infolge der ätherischen Beschaffenheit ihrer Körper die Fähigkeit besaßen, sich innerlich fortzupflanzen, indem sie in sich selbst eine neue Form erzeugten, in welcher sie ihr Leben fortsetzten ... Der Fall der Menschheit in die physische Zeugung ist der Sündenfall der Menschheit.«[32]

Nachdem wir durch die Betrachtung der Änderung der Fortpflanzungsart und ihrer verschiedenen Möglichkeiten vom eigentlichen Sinn der in Gen. 2,24 festgehaltenen Worte etwas abgewichen sind, wollen wir uns noch einmal Swedenborg zuwenden, der den tieferen Sinn der Ehe in den folgenden Worten beschreibt: »Die Ehe ist die Form, in der Mann und Frau zwar nicht verschmelzen, aber dennoch *ein Fleisch* werden, was wir am besten übersetzen mit *ein neues Geschöpf* oder *eine neue Person.*«[33]

Eine weitere Kommentierung zu Gen. 2,24 soll an dieser Stelle unterbleiben, da wir den tiefgründigen Sinn dieses Verses in den Kapiteln 5 und 7 noch viel eingehender untersuchen werden.

Und sie waren beide nackt, der Mensch und sein Weib, und schämten sich nicht. (2,25)

Anfangs erkannten sich die Dualseelen als einander zugehörig, doch obwohl sie verschiedenen Geschlechts zu sein schienen, besaßen sie zu diesem Zeitpunkt (also vor dem in Gen. 3 beschriebenen Sündenfall) noch keine irdischen Leidenschaften. Weil sie noch reinen Geistes waren und sich noch in feinstofflichen Körpern befanden, erkannten sie ihre Nacktheit nicht; und somit auch nicht ihren Geschlechtsunterschied. Der Mythos von Meschia (Mensch) und Meschiane (Menschin), dem ersten Menschenpaar bei den Persern, bestätigt das zuvor Geschriebene, denn beide waren ganz eng miteinander verbunden und völlig gleich aussehend.

Auch der im ersten Kapitel dargestellten Schöpfungsmythe des Kaiva-Kamu-Klans zufolge war das erste Menschenpaar weder männlich noch weiblich gewesen, denn beide hatten noch keine Geschlechtsorgane. Erst später wurde Kerema Apo ein Mann und Ivi Apo eine Frau.

Dieser Vers weist darauf hin, dass die Dualseelen noch in der All-Einheit lebten und sozusagen unschuldig waren. Trotz ihrer Nacktheit schämten sich die Dualseelen nicht. Erst nach dem Sündenfall erkannten sie ihre Nacktheit und schämten sich. Das bedeutet vermutlich, dass sie zu jenem Zeitpunkt noch keinen Geschlechtsverkehr kannten. Ihre Zuneigung zueinander war vielmehr durch ein geistig-seelisches Ineinanderaufgehen bestimmt. Diese Art der Intimvereinigung kann als ein himmlisches Vorbild des später entstandenen irdischen Geschlechtsverkehrs bezeichnet werden, die jedoch noch frei war von niederen Gelüsten und gekennzeichnet von einer reinen Liebe und Hingabe zueinander. Daher brauchten sich beide auch nicht zu schämen. Sie kannten zu jenem Zeitpunkt auch noch kein »Fremdgehen«, d. h. keine Intimvereinigung mit einer anderen Wesenshälfte.

Edgar Cayce bestätigt dies: »Die Trennung der Geschlechter hatte bereits begonnen; diese Tatsache konnte an sich noch nicht als Sünde bezeichnet werden, solange sich die androgynen Gottwesen bei ihrer Spaltung in paarweise Gefährten (wie Amilius und Lilith) ihre ursprüngliche Reinheit bewahrten und es sie nicht nach den fleischlichen Formen der Erde gelüstete.«[34]

Eine Bestätigung dieser These finden wir auch bei den Wa, die in dem Gebiet zwischen Indonesien und China angesiedelt sind. In ihrem Schöpfungsmythos gab es anfangs zwei Wesen, Yatawm und Yatai, »die weder Geist noch Mensch waren. Obwohl sie verschiedenen Geschlechts zu sein schienen, besaßen sie keine irdischen Leidenschaften.« Erst später, als sie zwei Kürbisse aßen, die der Schöpfergeist zu ihnen fallen ließ, und sie die Kürbiskerne aussäten, aus denen jeweils wieder ein neuer Kürbis entstand, die schließlich in ihrer Gesamtheit einen ganzen Hügel ausmachten, erkannten sie die sexuelle Leidenschaft.[35] Dieser Schöpfungsmythos erinnert uns zugleich an das »Essen der verbotenen Frucht und die anschließende Erkenntnis der Nacktheit«, die in den Versen 3, 6–7 der Genesis dargestellt sind.

3.

Der Sündenfall

Der im dritten Kapitel der Genesis geschilderte Sündenfall hat seit jeher unzählige Fragen aufgeworfen und zu den unterschiedlichsten Interpretationen geführt. Von der Verführung des Menschen durch den Teufel in Gestalt der Schlange, fort von Gott in eine sündhafte Welt, bis zu der Hypothese, nach der die Schlange durch ihre Verführung in Wirklichkeit zur Wohltäterin der Menschheit wurde, weil sie ihr den Weg zur Weisheit aufgezeigt hatte, waren dabei alle Varianten vertreten.

Der Genesis-Bericht über den Sündenfall erweckt tatsächlich den Eindruck, als ob mehrere so genannte Sündenfälle der unterschiedlichsten Art (zum einen Verstöße gegen den höchsten Gott – also das Urprinzip und die Einheit allen Lebens schlechthin – und zum anderen durchaus berechtigte und sogar notwendige Verstöße gegen die eigenmächtig aufgestellten Gebote und Verbote der Elohim, der Baumeister und Herrscher über die sichtbare grobstoffliche Welt), die in ihrer tieferen Bedeutung hinter den einzelnen Worten versteckt sind, hier zu einer einzigen Geschichte zusammenfließen.

Diese Annahme soll im folgenden Text erörtert werden:

Die im ersten Absatz vorgestellte zweite Variante, die die Schlange als Wohltäterin der Menschheit und im Gesetzgeber nicht den höchsten Gott (den Gott der Liebe und Ursprung allen Lebens) sieht, sondern Gottheiten von niederem Range, die selbst infolge eigenen Verschuldens vom Urprinzip abgefallen sind, findet ihre vermeintliche Bestätigung vor allem in den Versen 4 und 5 sowie 22 und 24.

In den Versen 4 und 5 erklärt die Schlange der Frau, »dass den Menschen an dem Tage, da sie das Gebot Gottes brechen und von dem Baum der Erkenntnis essen, die Augen aufgetan werden und dass sie danach wie Gott seien und wissen, was gut und böse ist«.

Sure 7,21 des Koran schildert die Verführung ähnlich. Hier verspricht der Satan das ewige Leben: »Nur deswegen hat euch euer Herr diesen Baum verboten, damit ihr nicht zu Engeln werdet oder zu denen gehört, die ewig leben.«

Offensichtlich aber haben weder die in der Genesis dargestellte Schlange noch der im Koran dargestellte Satan gelogen, und daher stellt sich die ernst gemeinte Frage, warum die Erkenntnis von gut und böse als Sündenfall zu bezeichnen ist. Diesen Zusammenhang bestätigt nämlich Gott der HERR selbst, als er sprach: »Siehe, der Mensch ist geworden wie unsereiner und weiß, was gut und böse ist« (3,22). Es ist nicht einfach, den tieferen Sinn hinter diesen Worten zu finden: Nachdem Gott in Kapitel 1 sprach: »Lasset uns Menschen machen, ein Bild, das uns gleich sei« und es im Anschluss daran heißt, dass Gott den Menschen zu seinem Bilde schuf, wird nunmehr die noch größere Ähnlichkeit zwischen Gott und Mensch durch die Erkenntnis von gut und böse als Sündenfall bezeichnet. Jedoch ist auch hierzu eine entgegengesetzte Auslegung möglich, die die erstgenannte Variante bestätigen würde und folgendermaßen dargestellt werden kann: Der Mensch war im Anbeginn zwangsläufig gut, weil er keine Vorstellung von dem Bösen hatte. Seit der Erkenntnis von gut und böse ist es ihm selbst möglich, zwischen diesen beiden Polen zu unterscheiden. Obwohl die Seele an sich von Grund auf gut ist und nach dem Guten strebt, hat sie doch immer wieder die Tendenz zu negativen Gedanken und Handlungen, die ihr den Blick auf das wahre Gute und die Vereinigung mit demselben äußerst schwer und fast unmöglich machen.

Gemäß Vers 3,22 sprach Gott der HERR weiter: »Nun aber, dass er nur nicht ausstrecke seine Hand und breche auch von dem Baum des Lebens und esse und lebe ewiglich!«

Insbesondere dieser zweite Satz aus Vers 3,22 und die daraufhin eingeleitete Bewachung des Weges zu dem Baum des Lebens durch die Cherubim mit dem flammenden, blitzenden Schwert (3,24) deuten darauf hin, dass hier gar nicht der oberste Gott spricht, der ein Gott der Liebe und unser aller Ursprung ist, sondern Gottheiten von niederem Range, die selbst von Gott abgefallen sind und Macht über das materielle All erlangt haben, jedoch nicht über die Geisteswelt der oberen Regionen. Allem Anschein nach sind sie die oft zitierten »bösen Götter«, gleichzusetzen mit den »Herren der Schattenwelt«, dem gnostischen »Demiurgen« (Baumeister der Welt) und dem christlichen »Teufel«, die die im Kreislauf der Wiedergeburten gefangenen Seelen dort behalten wollen und deshalb darum bemüht sind, dem Menschen die wahre Gotteserkenntnis zu verwehren, damit er nicht in die oberen Regionen Einzug nehmen kann und somit ewiglich lebt. Denn von einem »ewigen Leben« kann nur gesprochen werden, wenn es keinen Tod mehr gibt: genau das aber ist doch das Ziel jeder Religion – nämlich den Tod zugunsten des ewigen Lebens zu überwinden – und wird hier aber offensichtlich von den Sprechern als negativ bewertet.

Als weiterer Beweis dieser Annahme sei anzuführen, dass es nur *einen höchsten Gott* gibt, aber Gott der HERR, der hier spricht, sagt (Gen. 1,26): »Lasset uns Menschen machen, ein Bild, das uns gleich sei«, und an dieser Stelle (3,22): »Siehe, der Mensch ist geworden wie unsereiner.« Hier spricht also eine Gemeinschaft und nicht ein einziger Gott.

John A. Phillips schreibt in Übereinstimmung zu dieser These: »Dass die Szene im Garten von einem Segen statt einem Fluch erzählen könnte, war früheren Lesern der Heiligen Schrift durchaus bewusst. Malmonides (1135–1204) berichtet von einem anscheinend seit langem bestehenden Einwand dem jüdischen Glauben gegenüber: der Absurdität, dass die Konsequenzen des Ungehorsams ausgerechnet »Vernunft, Denkvermögen und die Fähigkeit, zwischen Gutem und Bösem zu unterscheiden, sein sollte. Jahrhunderte zuvor hatten die Autoren der Gnosis die Ansicht vertreten: Erkenntnis muss gut sein, sie kann per se nicht schlecht sein … Da der Schöpfergott gar nicht der wahre Gott ist, sondern ein untergeordnetes Wesen, erhält Adams und Evas Empörung gegen Jahwe eine umgekehrte Bedeutung. Empörung gegen den Schöpfer wird eine Tugend und die Schlange eine Wohltäterin der Menschheit, die uns die Grundsätze von gut und böse lehrt, welche der Schöpfer vor uns zu verbergen gesucht hatte.«[1]

Einen damit übereinstimmenden Bericht kennen wir auch von Helena P. Blavatsky, die uns hierzu mitteilt, dass Ilda Baoth, den verschiedene Sekten als den Gott Mosis ansahen, kein reiner Geist war, sondern eine eigene Welt erschuf und das spirituelle Licht seiner Mutter Sophia Achamoth verwarf. »Darauf erpicht, den Menschen von seiner geistigen Beschützerin zu trennen, verbat ihm Ilda Baoth, von seiner Frucht zu essen … Sophia Achamoth, die den Menschen, den sie belebt hatte, liebte und beschützte, sandte ihren eigenen Genius, Ophis, in Form der Schlange, um den Menschen zu verleiten, den selbstischen und ungerechten Befehl zu überschreiten.«[2]

Helena P. Blavatsky setzt ferner die Schlange mit Adam Kadmon selbst – Mann und Weib – gleich, der der Orphis wird und versucht, vom *Baume des Guten und Bösen* zu kosten, um die Geheimnisse geistiger Weisheit zu lernen.[3]

Der aufmerksame Leser wird möglicherweise einen Widerspruch darin zu finden glauben, wenn einerseits mitgeteilt wird, dass von Gott abgefallene Wesen (die Elohim) die Welt errichtet haben und andererseits dargelegt wird, dass das grobstoffliche Universum geschaffen wurde, um den von Gott abgefallenen Wesen (die sich später unter anderem als Menschen oder Tiere verkörpern sollten) einen Halt zu geben. Diese beiden sich scheinbar widersprechenden Hypothesen können auf die Weise miteinander in Einklang gebracht werden, dass die Elohim anfangs (als sie selbst noch reinen Geistes waren und im Einklang mit dem Urprinzip wirkten) *im Auftrag* der Urkraft das sichtbare Weltall zum Halt für die gefallenen Seelen errichtet haben, später aber selbst so viel Gefallen an ihrer Schöpfung gefunden haben, dass ihr ganzes Interesse fortan ihrem eigenen Werk galt und sie sich somit gleichzeitig vom Urprinzip abgewandt hatten. Weil ihnen ihre Schöpfung eine immense Freude bereitet, möchten sie diese erhalten und die in ihr inkarnierten Wesen nach Möglichkeit hierin gefangen halten, weshalb sie auch die Order: »Seid fruchtbar und mehret euch und füllet die Erde« (Gen. 1,28) ausgegeben haben.

Im Gegensatz zu dieser Sündenfallinterpretation finden wir vor allem in den Versen 7, 14 und 21 eine Bestätigung für die eingangs vorgestellte erste Variante.

So vermittelt uns Vers 7, dass den Menschen tatsächlich – in Übereinstimmung mit der Ankündigung durch die Schlange – die Augen aufgetan wurden, und sie im Zusammenhang damit gewahr wurden, dass sie nackt waren, und sie Feigenblätter zusammenflochten und sich Schurze machten, um ihre Nacktheit zu verbergen.

Gemäß der tiefgeistigen Interpretation von Athanasius dem Großen erkannten sie ihre Nacktheit nicht im körperlichen Sinne, sondern sie erkannten, dass sie nackt in der Betrachtung der göttlichen Dinge geworden waren und ihre Gedanken auf das Gegenteil gerichtet hatten.

In Übereinstimmung mit Gen. 3,7 berichtet Sure 7,23 des Koran: »Er ließ sie durch Betörung abfallen. Und als sie dann von dem Baum gekostet hatten, wurde ihnen ihre Blöße offenbar, und sie begannen, Blätter des Paradieses über sich zusammenzuheften ...«

In der hebräischen Mythologie fällt zuerst Chawahs (Evas) strahlende äußere Haut, eine Lichthülle, wie ein Fingernagel so fein, von ihr ab, bevor Adam ebenfalls sündigt. Doch zuvor »kämpfte er drei Stunden lang gegen die Versuchung, zu essen und so zu werden wie sie; währenddessen hielt er die Frucht in seiner Hand. Schließlich sagte er: ›Chawah, lieber möchte ich sterben, als dich überleben. Wenn der Tod deine Seele rufen sollte, könnte Gott mich niemals mit einer anderen Frau trösten, auch wenn *ihre Schönheit der deinen gleichkäme!*‹ Indem er so sprach, aß er von der Frucht, und nun fiel die äußere Lichthülle auch von ihm ab.«[4]

»Eine mögliche Quelle des in der Genesis vorkommenden Sündenfalls ist ein alter persischer Mythos: Am Anfang leben Meschia und Meschiane nur von Früchten (also noch im Einklang mit Gottes Gebot; vgl. Gen. 1,29), werden dann aber von dem Dämon Ahriman überredet, Gott zu leugnen. Sie verlieren ihre Reinheit, fällen Bäume, töten Tiere und begehen andere Missetaten.«[5]

Leo Schaya berichtet – in Übereinstimmung mit der kabbalistischen Lehre – über den Sündenfall und seine Folgen: »Indem sie (die sündhaften Wesen) sich an das Glück ihres Daseins klammerten, vergaßen sie die Bejahung Gottes, die Ursache und den Sinn ihres Daseins. Ihre Selbstbejahung artete schließlich in die Verneinung ihrer eigenen, ewigen Urwesenheit aus, die Gott ist; und Seine Gnade musste den Anblick der Strenge annehmen, um diese Verneinung zu verneinen. Aus *Chessed* ging *Din* hervor, das ›Gericht‹, die strenge Beurteilung aller Dinge, welche der geschöpflichen Bejahung eine Grenze setzt; und zwar ist die äußerste Grenze davon der Tod sowie die Hölle.«[6]

Die Genesis berichtet weiter, dass Adam und Eva sich vor dem Angesicht Gottes des HERRN versteckten (3,8) und Gott den Adam rief: Wo bist du? (3,9) Und Adam antwortete: Ich hörte dich im Garten und fürchtete mich; denn ich bin nackt, darum versteckte ich mich. (3,10) Und Gott sprach: Wer hat dir gesagt, dass du nackt bist? Hast du nicht gegessen von dem Baum, von dem ich dir gebot, du solltest nicht davon essen? (3,11) Da sprach Adam: Das Weib, das du mir zugesellt hast, gab mir von dem Baum, und ich aß. (3,12) Da sprach Gott der HERR zum Weibe: Warum hast du das getan? Das Weib sprach: Die Schlange betrog mich, sodass ich aß. (3,13)

»Da sprach Gott der HERR zu der Schlange: Weil du das getan hast, seist du verflucht, verstoßen aus allem Vieh und allen Tieren auf dem Felde. Auf deinem Bauch sollst du kriechen und Erde fressen dein Leben lang.« (3,14)

Die Schlange symbolisiert den gefallenen Menschen und die Folgen, die er zu verantworten hat. Sie symbolisiert als Phallus die Geschlechtlichkeit und durch ihre abstreifenden Häute die Reinkarnation durch verschiedene Körper (Geburt, Tod und Wiedergeburt). Sie muss auf der Erde kriechen, was bedeutet, dass der gefallene Mensch – bis zu seiner Erlösung – immer wieder in neuen Körpern auf der Erde oder anderen Planeten geboren wird und so im Kreislauf des Werdens (Samsara) eingeschlossen bleibt. Durch irdische Nahrung muss der Mensch seinen Körper am Leben erhalten. Als riesenhafte Schlange umschlingt der Okeanos die ganze erschaffene Welt. Die Schlange, die sich in den Schwanz beißt, ist ein Symbol für den Kreislauf allen Werdens und Vergehens.

Wie im weiteren Textverlauf noch erörtert wird, muss die Seele sich allein infolge ihrer (vorübergehenden) Triebhaftigkeit neu verkörpern, wodurch sie – als Resultat ihrer eigenen Wünsche und Bedürfnisse, nicht aber im Sinne einer göttlichen Bestrafung – in der Körperlichkeit (dem Kreislauf des Werdens und Vergehens) gefangen bleibt.

Im nächsten Abschnitt (3,15) setzt Gott der HERR

Feindschaft zwischen die Schlange und das Weib und deren Nachkommen. Da die Schlange selbst ein anderes gefallenes Wesen symbolisiert, will uns dieser Vers letztendlich vermitteln, dass die Menschen von der harmonischen All-Einheit in eine Welt der gegenseitigen Bekämpfung gefallen sind, wie sich im ebenfalls allegorischen Bericht über Kain und Abel bald herausstellen sollte.

In Vers 3, 21 heißt es dann: »Und Gott der HERR machte Adam und seinem Weibe Röcke von Fellen und zog sie ihnen an.«

Origenes erkannte sicher zu Recht, dass diese »Röcke von Fellen« sich auf den menschlichen Körper beziehen, der ja einstmals viel dichter behaart war, als er es heute ist, wenn er argumentierte: »War etwa Gott ein Gerber oder Sattler, dass er Tierfelle zubereitete, um aus ihnen Röcke aus Fell für Adam und Eva zu nähen? Es ist also offensichtlich, dass Mose hier von unseren Körpern spricht.«

Das berichtet in ähnlichen Worten auch die gnostische Bewegung der Ophiten: »Früher waren, ihrer Schöpfung (im Himmel) entsprechend, die Leiber Adams und Evas leicht, leuchtend und gleichsam geistig; bei ihrem Sturz aber wurden sie dunkler, dicker und träger.« Und als Lerneffekt für den gefallenen Menschen fügt die Gnosis hinzu: »So konnten sie sich auf sich selbst besinnen und erkennen, dass sie aus sich selbst nackt und stofflich seien und den Tod in sich trügen. So wurden sie auch geduldig in der Erkenntnis, dass sie nun eine Zeit lang mit dem Körper bekleidet sein sollten.«[7]

Es erschien zu Beginn dieses Kapitels aufschlussreich, etwas ausführlicher auf die beiden grundverschiedenen

Sündenfallinterpretationen einzugehen und insbesondere auf die Verse hinzuweisen, in denen diese beiden Varianten ihre Bestätigung zu finden scheinen.

Uns interessiert in diesem Zusammenhang aber für den weiteren Textverlauf nur die erste Variante der Sündenfallinterpretation, weil wir uns hier schwerpunktmäßig nur mit dem ersten Sündenfall befassen wollen, der somit als Ursünde zu bezeichnen ist. Hierbei handelt es sich um den Fall aus der Einheit allen Lebens, in der es weder Leid noch Tod noch Unbeständigkeit gibt, in einen Zustand des Werdens und Vergehens, der leidvollen Erfahrung von wiederholter Geburt und wiederholtem Tod. Dies war der so genannte Geisterfall, der schließlich die Entstehung des materiellen Weltalls zur Folge hatte, denn es muss wohl als unstrittig angesehen werden, dass der Einkörperung ein wie auch immer geartetes Fehlverhalten der Seele vorausging, weil ihre eigentliche Natur körperlos ist. Somit könnte unser Bericht über den Sündenfall ebenso den Auftakt zu dem vorliegenden Buch bilden, doch wurde die Einteilung der ersten drei Kapitel in Anlehnung an die in der Genesis aufgeführte Reihenfolge gewählt. Diese berichtet ebenfalls erst über die Schöpfung, dann über die Entzweiung des androgynen Menschen und erst dann über den Sündenfall.

In einem ganz besonderen Maße interessiert uns natürlich der Teil des Sündenfallberichtes, der noch einmal eindeutig die im vorangegangenen Kapitel ausführlich dargelegte Teilung des ursprünglich androgynen Menschen in zwei unterschiedliche Geschlechter bestätigt: Zu Beginn des dritten Kapitels der Genesis spricht die Schlange zu Eva und fragt sie, ob Gott ihnen (Adam und Eva) denn verboten habe, von allen Bäumen im Garten zu essen. Darauf antwortet Eva, dass sie von den Früchten der Bäume im Garten essen dürften; mit Ausnahme des Baumes mitten im Garten, wie Gott es ihnen gebot (vgl. Kapitel 2,16 und 17; hierbei achte man besonders zur Bestätigung des im vorangegangenen Kapitel Beschriebenen darauf, dass Gott es noch *dem Menschen* gebot, doch in Kapitel 3,3 die Frau dieses erhaltene Gebot zitiert. Ein weiterer Hinweis also darauf, dass Mann und Frau vorher ein Wesen gebildet haben und lediglich geteilt wurden und nicht – wie man aus dem biblischen Bericht verstehen könnte – eine vorher nicht vorhandene Frau aus einer Rippe des Mannes *gebastelt* wurde. Denn zu der Zeit, als Gott dem Menschen das Gebot in Kapitel 2,16 und 17 erteilte, war die Frau dem Menschen noch nicht zugeführt worden und nach exoterischen Auslegungen noch gar nicht vorhanden; denn erst in Kapitel 2,22 wurde sie *geformt und zu dem Menschen gebracht.* Wie hätte das zuvor erwähnte Gebot Gottes ihr also bekannt sein sollen?). In Kapitel 2,16 und 17 sprach also Gott der HERR zum Menschen: »Du darfst essen von allen Bäumen im Garten, aber vom Baum der Erkenntnis des Guten und Bösen sollst du nicht essen; denn an dem Tage, da du von ihm issest, musst du des Todes sterben.« Dieses Gebot erklärt die Frau der Schlange in Kapitel 3,3.

Insgesamt kann der Ungehorsam gegen das Gebot des höchsten Gottes – und somit auch die Abwendung von Ihm hin zu anderen Dingen, die nur in der grobstofflichen Materie befriedigt werden können – sicher als der zentrale Punkt des ursprünglichen Sündenfalls angesehen werden. Diese Befriedigung von Bedürfnissen, die nur in der grobstofflichen Materie erfüllt werden können, hat die Seele nicht nur einst mit einem grobstofflichen Körper eingekleidet, sondern hält sie auch im Kreislauf der Wiedergeburten gefangen. Erst wenn die Seele derartige Bedürfnisse nicht mehr hat, vermag sie sich selbst aus diesem Kreislauf zu befreien – vorher aber nicht.

Das bedeutet, dass die Seele diese nur in der grobstofflichen Materie zu befriedigenden Bedürfnisse durch innere Erkenntnis und Überzeugung überwinden muss. Als grundlegend falsch muss dagegen die Unterdrückung derselben angesehen werden, da hierdurch eher das Gegenteil erreicht wird: eine vorher zufriedene Seele, die ihre Bedürfnisse befriedigen konnte, wird durch die Unterdrückung ihrer weiterhin bestehenden (und noch nicht aus innerer Überzeugung überwundenen) Bedürfnisse unzufrieden und erleidet selbst auferlegte Qualen. Das ist nicht beabsichtigt und in keiner Weise förderlich.

Es ist wohl davon auszugehen, dass *anfangs* (also zu einer *Zeit,* da es noch gar keine Zeit und keine materielle Schöpfung gab) die Seelen (also die Funken aus dem göttlichen Geist) in einer harmonischen Gemeinschaft miteinander lebten. Irgendwann muss dann innerhalb dieser Gemeinschaft eine Veränderung eingetreten sein, die in manchen Seelen ein dem Urprinzip (das wir im Allgemeinen als »Gott« bezeichnen) entgegengesetztes Streben eingeleitet hat. Zunächst waren es vermutlich nur wenige Seelen (die in ihrer Gesamtheit den »Teufel« symbolisieren, der als erster von Gott – also vom Urprinzip – abgefallen ist), doch folgten immer mehr Seelen ihrem schlechten Vorbild und den von ihnen verkündeten neuen Möglichkeiten, die sich durch die Abwendung von der Gemeinschaft und der Hinwendung zu ihrer eigenen Individualität für sie ergeben würden (ein Sachverhalt, der allegorisch durch die Verführung durch den Teufel bzw. die Schlange dargestellt wird) und fielen mit ihnen aus der Einheit des Urprinzips (der Substanz des *einen* Lebens) ab in getrennte Individualitäten (wie die Wassertropfen, die sich aus der Gesamtheit des Wasserelementes lösen und als einzelne Tropfen in die Erscheinung der Vielheit treten).

Eine bestätigende Aussage hierzu finden wir im *Sphärenwanderer,* wo es heißt, dass wir einst aus der Kraft des Geistes lebten und schafften.[8]

Als Ergänzung hierzu werden wir darüber informiert, dass dieses *Schaffen* einst im Einklang mit dem Willen der Urkraft stand.[9]

»Doch dann – irgendwann hatte es begonnen – kamen zuerst einige, dann viele von uns auf seltsame Gedanken. Diese bestanden darin, dass man wissen wollte, wie groß das Potential der Freiheit sei, unser Schaffen selbstständig zu bestimmen.«[10]

Wir erhalten hier auch die Information, dass nur ein Teil der Wesen aus der Einheit fiel und die Gefallenen später Hilfe von den Nichtgefallenen erhielten.[11]

Eine ähnliche Darstellung finden wir auch bei Origenes, der lehrte, »dass die Seelen Körper entweder aus Verlangen oder zum Dienste angenommen haben« (aus Verlangen haben sie einen Körper angenommen, um ihre sinnlichen Begierden auszuleben. Zum Dienste haben sie einen Körper angenommen, um Gott einen Dienst zu erbringen: um nämlich die Seelen, welche einen Körper aus Verlangen angenommen haben, an ihren Ursprung zu erinnern und zu Gott zurückzuführen. Bei dieser Aufgabe gelang es wohl aber nur einigen Seelen, von der sinnlichen Begierde freizubleiben, während andere ebenso wie jene, die den Körper aus Verlangen angenommen haben, in dem angenommenen Körper in die Sinnlichkeit abgefallen sind. Alle früher oder später abgefallenen Seelen befinden sich auf ihrer Reise durch das Samsara, von Wiedergeburt zu Wiedergeburt, der leidvollen Erfahrung von wiederholter Geburt und wiederholtem Tod. Sie alle haben die Aufgabe, sich aus diesen Verstrickungen zu befreien, um wieder zu Gott ins Lichtreich zurückzukehren). Weiter lehrte Origenes in Übereinstimmung zu der oben dargelegten These, »dass alle körperlosen und unsichtbaren vernünftigen Geschöpfe, wenn sie in Nachlässigkeit verfallen, allmählich auf niedere Stufen abgleiten und ihren Körper je nach der Art der Orte annehmen, zu denen sie herabsinken: z. B. erst aus Äther, dann aus Luft, und wenn sie in die Nähe der Erde kommen, umgeben sie sich mit noch dichteren Körpern, um schließlich an menschliches Fleisch gefesselt zu werden«. (De principiis I,5). Dieser Änderung des Seelen-Charakters folgt nach Origenes eine Änderung ihres Status.

Die aus Gott emanierten Wesen, die zwar alle ihre Existenz aus dem *einen Leben* beziehen und dennoch schon allesamt von Anbeginn Bruchstücke des *einen Lebens* waren – und daher verschiedene Einzelwesen, die jedoch ihre Individualität noch nicht missverstanden haben und *in der Gemeinschaft für die Gemeinschaft* lebten –, können mit Wassertropfen verglichen werden, die zwar zusammen *ein Meer* bilden, aber in diesem eben eine echte Gemeinschaft sind. Das oft missverstandene *Gleichnis vom Wasser,* das wir in den fernöstlichen Schriften oft zur Verdeutlichung des Lebens finden, besagt also bewusst nicht die Vernichtung der Individuen im Nirvana, sondern nur ihre Einheit, die schließlich zur Verschmelzung miteinander führt. Auch bei den einzelnen Wassertropfen verhält es sich auf diese Weise: Sie verschmelzen zwar zu einem Meer, doch hört durch diese Tatsache der Tropfen an sich nicht auf zu sein. Vielmehr vereinigt er sich mit einer nicht zählbaren Menge anderer Tropfen und wird so mit ihnen eins.

Als ein wesentlicher Bestandteil des ersten Sündenfalls kann die Erkenntnis der Individualität bezeichnet werden, womit nicht die Erkenntnis eines *Ich* als solches gemeint ist, sondern vielmehr die falsche Erkenntnis, dass die Individualität etwas Eigenständiges und daher von Gott Losgelöstes sei.

Man kann hierzu ein weiteres Gleichnis aufstellen, wodurch deutlich wird, dass auch *das Leben* an sich (das mit dem *Gott der Liebe* gleichzusetzen ist) Interesse daran hat, jedes *verloren gegangene Wesen* (das sind Geschöpfe wie wir, die sich auf ihrer kosmischen Wanderschaft befinden) in die Einheit zurückzuholen. Hierzu stelle man sich die Substanz des Lebens einfach als Puzzle vor; obwohl dieser Vergleich etwas hinkt, weil Gott zwar in allen Wesen wohnt, trotzdem aber keiner Veränderung unterworfen ist. Wie das Einzelwesen (ein Teilchen eines gigantischen Puzzles) für sich allein nichts ist und absolut nichts von dem Gesamtbild erahnen lässt, ist andererseits das Bild nicht vollständig, wenn auch nur ein Teilchen fehlt.

Weil ursprünglich alles Leben aus der Einen Wesenheit entstand und ohne diese nichts gemacht ist, was gemacht ist (vgl. Johannes-Evangelium 1,3), so leuchtet es auch ein, dass auch der Teufel (der im Koran aufgeführte

Satan, der Adam und Eva zum Abfall führte; und ebenso die in der Bibel erwähnte Schlange, die dasselbe tat) seinen Ursprung in dieser Einheit hat, aber bereits vor dem in der Genesis und im Koran beschriebenen Sündenfall von der Einheit abfiel.

Dies lehrte auch Origenes: »Denn wenn er, der Teufel, wie einige glauben, von der Natur der Finsternis war, wie kann er dann vorher der Morgenstern gewesen sein? Und wie konnte er in der Frühe aufgehen, wenn er nichts Lichtartiges in sich hatte? Aber auch der Erlöser belehrt uns über den Teufel, indem er sagt (Lukas 10,18): ›Seht, ich sehe den Satan vom Himmel fallen wie ein Blitz‹; denn einst war er Licht.« (De principiis I,5)

Die Vertreibung aus dem Paradies (beziehungsweise der Abfall einer bestimmten Anzahl von Seelen aus der Ureinheit allen Lebens) wird in den Versen 3,23 und 24 des Genesis-Berichtes beschrieben:

»Da wies ihn Gott der HERR aus dem Garten Eden, dass er die Erde bebaute, von der er genommen war. Und er trieb den Menschen hinaus und ließ lagern vor dem Garten Eden die Cherubim mit dem flammenden, blitzenden Schwert, zu bewachen den Weg zu dem Baum des Lebens.« (3,23–24)

Zum Abschluss dieses Kapitels sei noch einmal darauf hingewiesen, dass der Genesis-Bericht über den Sündenfall ganz offensichtlich – wie bereits zu Beginn dieses Kapitels dargelegt wurde – mehrere Sündenfälle beinhaltet, von denen einige tatsächlich Sünden gegen den höchsten Gott (und somit uns selbst) darstellen, während es in anderen Fällen Verstöße gegen die Elohim (die Baumeister der materiellen Welt) sind, die sogar begangen werden müssen, um ihnen zu entfliehen und sich schließlich wieder mit dem Gott der Liebe (der Substanz des Lebens schlechthin) zu vereinigen.

Dass das in der Bibel beschriebene Paradies sich nicht auf dieser Erde befand, sondern in der Astralregion, bestätigt unter anderem Sure 7 des Koran, wo Gott spricht: »Geht hinunter (auf die Erde). Die einen von euch sind Feinde der anderen (wie sich im biblischen Bericht über den Streit zwischen Kain und Abel bald herausstellte). Ihr habt auf der Erde Aufenthalt und Nutznießung auf eine Weile.« (7,25)

Er sprach: »Auf ihr werdet ihr leben, und auf ihr werdet ihr sterben, und aus ihr werdet ihr hervorgebracht werden.« (7,26)

folgedessen auch alle von gleicher Beschaffenheit sein. Wenn sie aber alle am Anfang eine gleiche Beschaffenheit hatten, so müssen sie alle – also jene, die sich derzeit in grobstofflichen Körpern befinden – den gleichen Werdegang bezüglich der Trennung in verschiedene Geschlechter, so wie wir sie heute kennen, hinter sich haben. Mit anderen Worten: Wenn Adam und Eva personifiziert aus einem Wesen hervorgegangen und somit Dualseelen sind, so trifft dies auf alle Wesen zu. Es muss demzufolge eine gegengeschlechtliche Seele zu jeder existierenden Seele vorhanden sein. In dem oben erwähnten Bibelzitat wird dies bestätigt, denn auch Kain, der Sohn von Adam und Eva, erkannte seine Frau; also seine vom Anbeginn der Zeiten zu ihm gehörende Dualseele. Auf welche andere Weise könnte dieser Bibelvers interpretiert werden?

Adam erkannte abermals sein Weib (4,25)

Da jeder Mensch die Personen kennt, mit denen er auf eine bestimmte Art und Weise und für einen längeren Zeitraum verbunden war, braucht er sie wahrhaftig nicht wieder zu erkennen. Dieser Bibelvers könnte sich tatsächlich auf eine spätere Inkarnation (die nach der ersten Inkarnation gemäß Gen. 4,1 stattgefunden hat) beziehen, denn nur in diesem Zusammenhang gäbe das Wiedererkennen einen logischen Sinn.

Die eigentliche Botschaft von Genesis 4,25 vermittelt uns Platon, der dem Aristophanes im *Gastmahl* die folgenden Worte in Bezug auf das Wiedererkennen zweier Dualseelen in den Mund legt: »Wenn nun einer von diesen oder jenen anderen seiner eigenen Hälfte zum ersten Mal begegnet, da werden er und der andere wundersam von Freundschaft, Heimlichkeit und Liebe bewegt, und beide wollen nicht mehr voneinander lassen.«

Rudolf Passian schildert den Fall des Wieners Hermann Medinger, der nach einem Körperaustritt, der durch einen Unfall verursacht wurde, sich einem Wesen gegenüber befunden haben will, das ihn durch eine Art »Spiegelkabinett« wissen ließ, dass er in seinen Vorexistenzen oft mit jenem Wesen zusammengekommen war: Meist glücklich umschlungen als Mann und Frau, wobei sie ihre Geschlechtsrollen gelegentlich tauschten, manchmal aber auch als Freunde und gelegentlich als Widersacher.[4]

Ronald Zürrer schreibt zu diesem Thema: »Es ist nicht nur möglich und wahrscheinlich, dass eine enge partnerschaftliche Beziehung in einem späteren Dasein ihre ersehnte Fortsetzung findet, sondern es kann sogar vorkommen, dass die beiden Partner dabei fortwährend das Geschlecht tauschen. Je nachdem, ob unsere wechselseitige Anhaftung an den anderen oder die Identifikation mit unserem eigenen geschlechtsspezifischen Verhalten stärker ausgeprägt ist, werden wir dabei in unserem späteren Leben entweder in derselben Rollenverteilung oder aber mit vertauschten Rollen wiederkommen, um uns in einem anderen Gewande mit derselben Seele wieder zu verbinden.«[5]

Da die Seele, wie wir bereits festgestellt haben, weder männlich noch weiblich, ja nicht einmal menschlich (im Sinne des unwissenden inkarnierten Menschen) ist, nimmt dieselbe ihren Körper je nach ihrem Karma an. In den Veden finden wir die Tatsache bestätigt, dass die Seele weder männlich noch weiblich, sondern transzendent zu den Dualitäten der materiellen Welt ist. Daher kann die Seele, die im jetzigen Leben in einem männlichen Körper inkarniert ist, im nächsten Leben in den Körper einer Frau eingehen und ebenso in der letzten Inkarnation einen weiblichen Körper »bewohnt« haben.

Obwohl diese Thematik höchst interessant ist, kann im Rahmen dieser Ausarbeitung nicht näher darauf eingegangen werden. Der interessierte Leser sei auf die entsprechende Fachliteratur hingewiesen.

Für unser Thema interessiert uns hierzu nur die Feststellung, dass der Geschlechtswechsel der Dualseelen-Lehre nicht entgegensteht, wie auch von Passian[6] und Dethlefsen mitgeteilt wird. In Bezug auf unsere Thematik schreibt Dethlefsen: »Nach Prüfung vieler Hypothesen sind wir zur Zeit der Meinung, dass eine Seele ein feststehendes Geschlecht besitzt und dass dazu eine gegengeschlechtliche Dualseele existiert. Die Mehrzahl aller Verkörperungen haben das Geschlecht, das die Seele vom Anbeginn hat. Gegengeschlechtliche Inkarnationen werden nur hin und wieder dazwischengeschoben, um bestimmte Erfahrungen zu machen oder Karma einzulösen. Die Seele kommt häufig, aber nicht immer, mit ihrer Dualseele zusammen, da beide in ihrer Entwicklung voneinander abhängig sind.«[7]

Peter Michel schreibt über die zwei grundverschiedenen Meinungen bezüglich des Geschlechtswechsels und seiner Gründe: »Den differierenden Auffassungen über den Wechsel des Geschlechts im Verlauf der Reinkarnationen liegen zwei unterschiedliche Weltbilder zugrunde. Das eine könnte als *evolutiv* charakterisiert werden, das andere lässt sich als *kreationistisch* umschreiben.«[8] Nach dem evolutiven Modell ist das »Ziel der Evolution auf der physischen Ebene das ganz ausgeglichene menschliche Wesen, bestehend aus *männlichen* Eigenschaften von Willen und Intelligenz und den *weiblichen* Fähigkeiten von Intuition und Liebe, beides zu höchster Vollendung gesteigert«.⁹

Michel führt hierzu weiter aus: »Zur Verwirklichung dieses Ziels wechselt die Seele das Geschlecht, um männliche und weibliche Erfahrungen zu sammeln. Das kreationistische Modell geht davon aus, dass ›im Anfang‹ Gott alle Wesen als Duale erschuf. Diese Dualseelen-Funken durchwandern gemeinsam die Schöpfung, begegnen sich auf ihrem Evolutionsweg immer wieder, um einst vereint in vollendeter Harmonie im göttlichen Bewusstsein zu leben. Diese Auffassung ist sicher die ›poetischere‹, und nicht wenige der großen Dichter neigten ihr zu. Betrachtet man das große Mysterium der Liebe, das menschliches Leben seit Urzeiten im tiefsten Wesenskern bewegt, so scheint in der Anziehung von wesenhaft unterschiedlichen Polen eine tiefere Wahrheit zu liegen als im ›evolutiven‹ Modell, das die Liebe, das ewige Geheimnis, im Grunde zu einem Lernfaktor, zur Erfahrungsaufnahme reduziert.«¹⁰

Zahlreiche Fälle von Geschlechtswechseln dokumentiert Professor Ian Stevenson, auf dessen Buch *Wiedergeburt – Kinder erinnern sich an frühere Erdenleben* (Grafing, 1991) der interessierte Leser zurückgreifen sollte: Die Burmesin Tin Aung Myo (S. 93ff.), die Amerikanerin Erin Jackson (S. 132ff.), die Inderin Rani Saxena (S. 176f.) und der Brasilianer Paulo Lorenz (S. 176) stehen als Beispiele für von Prof. Stevenson interviewte Personen, die sich alle an eine gegengeschlechtliche Vorexistenz erinnern konnten. Wer jedoch der Auffassung ist, dass das Geschlecht bei jeder Inkarnation wechsle, wird durch andere von Prof. Stevenson belegte Fälle eindeutig eines Besseren belehrt.

Ein Beispiel eines Geschlechtswechsels und einer gleichgeschlechtlichen Wiederverkörperung sowie der erneuten Zusammenkunft von zwei sich gegenseitig anscheinend besonders nahe stehenden Wesen finden wir in dem von Prof. Stevenson untersuchten Fall der burmesischen Zwillingsmädchen Khin Ma Gyi und Khin Ma Nge, die sich an das frühere Leben ihrer Großeltern mütterlicherseits erinnerten. Khin Ma Gyi gab an, im früheren Leben ein Mann gewesen zu sein. Als kleines Kind zog sie sich männlich an und zeigte einige Eigenarten ihres Großvaters. (S. 272)

Ein weiteres Beispiel für einen Geschlechtswechsel (beiderseits) und die erneute Begegnung in der gegenwärtigen Inkarnation sind zwei andere Zwillingsmädchen, Sivanthie und Sheromie Hettiaratchi, die sich an das frühere Leben zweier junger Männer erinnerten, die enge Freunde und homosexuell gewesen waren. (S. 272)

Diese beiden Fälle zeigen, dass zwei Wesen, die sich in der vergangenen Inkarnation (möglicherweise auch seit viel längerer Zeit) sehr nahe standen – sei es als gegengeschlechtliches Ehepaar oder gleichgeschlechtliches Liebespaar –, auch in der gegenwärtigen Inkarnation wieder zusammengefunden haben und dies vielleicht auch in Zukunft wieder tun werden. Wenn zwei Liebende allerdings als Zwillinge zusammen zur Welt kommen, scheint es sich hierbei jedoch eher um eine *Strafe zu* handeln als um einen erstrebenswerten Zustand, denn in einem solchen Fall können die beiden Seelen sich nicht auf die gleiche Art und Weise lieben, wie sie es als (gegengeschlechtliches) Liebespaar tun könnten. Als Zwillinge zusammen zur Welt gekommen zu sein, ist nicht *Strafe* in dem von christlichen Theologen allzu oft missverstandenen Sinne, sondern wird vielmehr darin begründet sein, dass sie einander auch im Astralbereich (in dem sich die Seelen zwischen den Inkarnationen aufhalten) begegnet sind (Nahtodforscher bestätigen, dass die Seele beim Verlassen des Körpers von Wesen empfangen wird, mit denen sie schon zu Lebzeiten innig verbunden war) und sich nicht trennen wollten, als für einen der beiden Teile der Zeitpunkt für eine neue Inkarnation gekommen war. Deshalb gingen sie gleichzeitig in denselben Mutterleib ein und kamen demzufolge als Zwillinge zur Welt. In den beiden zuvor erwähnten Fällen kann es sich um Dualseelen handeln, doch ist dies keineswegs sicher und soll daher nicht Gegenstand der Spekulation sein. In den indischen Überlieferungen kann ein und dieselbe Göttin als Gattin, Mutter oder Schwester desselben Gottes auftreten oder auch mit einem anderen Gott verbunden sein. Diese unterschiedlichen Zuordnungen müssen sich nicht unbedingt – wie es auf den ersten Blick scheint – widersprechen, sondern können einen tieferen Sinn beherbergen. So berichten uns die Verse einer mir namentlich nicht mehr bekannten Upanishad:

> Die Brust, an der er trank vormals,
> Drückt später er in Lüsternheit.
> Am Schoß, der ihn gebar vormals,
> Sättigt später er seine Lust.
> Die ihm Mutter war, wird Gattin.
> Die Gattin war, zur Mutter ihm.
> Sein Vater wird ihm zum Sohne.
> Sein Sohn wieder zum Vater ihm.

> So im Kreislauf des Samsara,
> Wie Schöpfeimer am Wasserrad
> Umlaufen, kommt er stets wieder
> Im Mutterschoße zur Geburt.

Gehen wir von den bisher angenommenen Thesen aus, so gab es am Anfang der Zeiten die geschlechtslosen bzw. androgynen Seelen, die sich infolge des Falls in die dualitätsbezogene Materie oder im Laufe der kosmischen Evolution in zwei Teile, nämlich männlich und weiblich, teilten. Nunmehr kamen in der ersten Inkarnation, nach ihrer Teilung, Sam und Sara (wir geben dem hier als Beispiel angeführten Dualseelenpaar, das selbstverständlich stellvertretend für alle Seelen steht, diese englischen Namen, da sie ein Wortspiel des indischen Ausdrucks für den Kreislauf der Reinkarnationen, Samsara, wiedergeben; denn die Trennung der Duale – zumindest jener in getrennten Körpern, wie wir sie heute kennen – wurde durch den Fall in das Samsara bedingt!) als zwei Wesen, doch völlig wesensgleich und einander zugehörig, als Mann und Frau zu einem Liebespaar wieder zusammen (vgl. Gen. 4,1). Das mag über mehrere Inkarnationen hinweg so geschehen sein, wobei wir sogar unterstellen wollen, dass Sam und Sara in jeder dieser Inkarnationen ihr jeweils ursprüngliches Geschlecht und sogar ihren Namen behielten (vgl. Gen. 4,25). Doch nach einiger Zeit ereignete es sich dann, dass in einer späteren Inkarnation Sam als Jack und Sara als Mary wiedergekommen sind (die Namensumbenennung soll in einem allegorischen Sinn verdeutlichen, dass sie »endgültig« in die Macht der Materie gerieten und von nun an in der »Finsternis« lebten). Wieder waren sie ein Liebespaar. Diesmal behandelte Sam als Jack Sara als Mary erstmals nicht als gleichwertig, weil er der Meinung war, dass ein Mann mehr wert sei als eine Frau. Danach kamen Sam als Cindy und Sara als John wieder. Wieder waren sie ein Liebespaar, aber diesmal mit vertauschten Geschlechtsrollen. Wieder gab es Meinungsverschiedenheiten über den Wert einer Geschlechtsrolle zwischen ihnen. Dann gab es für Sam und Sara erstmals eine Inkarnation, in der beide für sich allein blieben, weil sie einander nicht begegneten. Ihr Leben war erstmals von einer tiefen Traurigkeit durchdrungen, weil sie einander nicht finden konnten, so sehr sie einander auch suchten. Dann kamen wieder Inkarnationen, in denen sie sich, mal er als Mann und sie als Frau, dann wieder sie als Mann und er als Frau, fanden und ineinander verliebten. Wieder stritten und zankten sie sich, weshalb sie einander in der nächsten Inkarnation nicht begegneten. Ihre ursprünglich reine Liebe zueinander war inzwischen so verflacht und sie so sehr in die Unwissenheit der Materie hineingezogen, dass Sam nun eine Ehe mit Barbara und Sara eine Ehe mit Kevin einging. Nun fanden also so genannte erste Partnerwechsel statt. Da weder Sam Sara noch sie ihn vermisste, sondern mit ihren neuen Partnern neue Freude genossen, obwohl sie nicht auf dieselbe Weise wesensverwandt miteinander waren wie Sam und Sara es sind, begegneten sich Sam und Sara über mehrere Inkarnationen hinweg nicht. Und wenn sie einander begegneten, wurden sie nicht immer auch wieder ein Liebespaar. Gelegentlich fand einer von ihnen, oder gar beide, eine andere Person interessanter und ihre Zuneigung zueinander war eher platonischer Art. Dann wieder kamen Inkarnationen, in denen beide »nicht füreinander bestimmt« waren, obwohl sie es von Anbeginn für die Ewigkeit sind, denn manche zwischengeschobenen Inkarnationen haben eine dem Gesetz der Ewigkeit genau entgegengesetzte Bestimmung. Sie waren zueinander gleichgeschlechtliche Freunde bzw. Freundinnen, waren Vater und Tochter, Mutter und Sohn, genauso aber Mutter und Tochter, Vater und Sohn. Weiter waren sie Bruder und Schwester, Bruder und Bruder, Schwester und Schwester und welche Kombinationen man sich auch immer vorstellen mag.

Als Fazit kann festgehalten werden, dass alle Seelen von gleicher Herkunft und daher absolut gleichwertig sind, welchen Körper sie auch immer in der gegenwärtigen Inkarnation angenommen haben. Diesen Sachverhalt finden wir unter anderem sowohl im Johannes-Evangelium als auch in der Brihadāranyaka-Upanishad bestätigt (vgl. Kapitel 1). Prabhupada hat diese Weisheit in sehr bedeutsamen Worten festgehalten: »Die spirituelle Seele ist in jeder Verkörperung von der gleichen Reinheit, doch diejenigen, die nicht genügend Intelligenz besitzen, sehen nur körperliche Unterschiede, wie Tiere und Menschen.«[11]

Da die Seele also weder pflanzlich noch tierisch noch menschlich ist (denn sie ist göttlich!), ist unschwer nachvollziehbar, dass sie ganz offensichtlich auch weder männlich noch weiblich ist. Diese Theorie steht jedoch dem Dualseelen-Gedanken nicht entgegen, da mit dem Eintritt in die stoffliche Welt je zwei Seelen einander gegenüberstanden, die zusammen den ursprünglich androgynen Menschen in seinem Vollbestand darstellten. Auseinander und füreinander geschaffen, verkörpert die eine Hälfte das männliche und die andere Hälfte das weibliche Prinzip. Im ursprünglichen und günstigen Fall treten die Dualseelen als gegengeschlechtliches Liebespaar miteinander in Verbindung. Die Dualseelen können einander aber auch in verschiedenen Inkarnationen nicht begegnen oder in einer anderen Beziehung miteinander in Verbindung treten: so zum Beispiel als gleichgeschlechtliche Wesen, woraus im günstigen Fall eine gute Freundschaft entsteht; im ungünstigen Fall kann dagegen eine ungesunde Rivalität oder eine homosexuelle Beziehung entstehen. Eine homosexuelle Beziehung wird durch eine solche Kombination zwar erklärt, aber keinesfalls gerechtfertigt. Zum einen muss man wissen, dass eine solche Beziehung das Zusammenwirken der Geschlechter unterbindet; zum anderen gibt es auch keinerlei Legitimation für eine sexuelle Beziehung miteinander, wenn die Dualseelen als Geschwister oder Elternteil und Kind miteinander in Verbindung treten. Sie können auch als Mann und Frau miteinander in Verbindung treten, aber schon anderweitig fest gebunden sein. Alle Kombinationen – mit Ausnahme des zuerst erwähnten gegengeschlechtlichen Liebespaares – zeigen irgendwelche Störungen an. Diese *Störfälle* sind heutzutage aber leider der Regelfall. Der häufigste Störfall ist vermutlich der Art, dass die Dualseelen einander überhaupt nicht begegnen.

5.

Über die irdische und die himmlische Ehe

Wie die materielle Welt von einem geistigen Urprinzip ein Abbild sein muss (vgl. Kapitel 1), so muss auch die irdische Ehe (bzw. eine ihr gleichzusetzende Partnerschaft) von etwas ein Abbild sein. Es sei an dieser Stelle darauf hingewiesen, dass in dieser Ausarbeitung, und insbesondere in diesem Kapitel, gelegentlich als Beispiel des Zusammenlebens zwischen Mann und Frau das Wort *Ehe* gewählt wird und manchmal das Wort *Partnerschaft*. Hierzu ist anzumerken, dass eine eheähnliche Partnerschaft wie eine Ehe zu betrachten ist und eine Ehe natürlich ebenso als Partnerschaft, denn von einer Ehe kann im eigentlichen Sinn immer dann gesprochen werden, wenn die beiden Partner sich wie Ehepartner fühlen. Die Ehe ist vollzogen, wenn die Seelen sich innerlich als Einheit verbinden, auch wenn sie nicht äußerlich (im Standesamt) geheiratet haben. Andererseits ist eine äußerlich vollzogene Ehe (durch Trauschein) keine Ehe im eigentlichen Sinne, wenn die Ehepartner sich nicht auch innerlich miteinander als Einheit verbinden. Wer beispielsweise nur aus finanziellen Gründen geheiratet hat, von dem kann nicht ernsthaft behauptet werden, dass er mit seinem Lebensgefährten in einer Ehe lebt, obgleich sich auch in einem solchen Fall im Laufe der Zeit eine echte Ehe einstellen kann. Das Vorbild oder Urbild der irdischen Partnerschaften muss die so genannte himmlische Ehe sein – die partnerschaftliche Gemeinschaft zweier seit Urbeginn zusammengehörender Dualseelen, die bis in alle Ewigkeit füreinander bestimmt sind.

In scheinbarem Widerspruch hierzu lesen wir aber die folgende Aussage Jesu:

Einige sind von Geburt an zur Ehe unfähig; andere sind von Menschen zur Ehe unfähig gemacht; und wieder andere haben sich selbst zur Ehe unfähig gemacht um des Himmelreichs willen. Wer es fassen kann, der fasse es! (Matthäus 19,12)

Die wirkliche Bedeutung dieses Zitates dürfte in der Tat nur schwer zu begreifen sein. Gerade der Halbsatz, dass manche sich um des Himmelreichs willen zur Ehe unfähig gemacht haben, lässt die Vermutung aufkommen, dass ein zölibatärer Weg der Weg zurück zu Gott ist. Doch hier müssen wir tiefer eindringen, um den Sinn hinter den Worten zu finden. Tatsächlich kann die Ehe nicht gegen Gottes Willen verstoßen, denn Gott selbst erschuf die Frau, nachdem er festgestellt hatte, dass es nicht gut ist, dass der Mensch allein sei (vgl. Gen. 2,18).

Durch die Partnerschaft zwischen Mann und Frau sind beide nicht mehr zwei, sondern sie werden wieder eins (vgl. Gen. 2,24). Je spiritueller die beiden Partner veranlagt sind, desto mehr werden sie sich als Einheit empfinden. Dagegen bleiben weltlich orientierte Partner, die in einem Konkurrenzkampf zueinander stehen, zwei verschiedene Wesen. Sie können die Einheit nicht erlangen, weil sie innerlich noch nicht genug entwickelt sind. Ihre Ziele sind selbstsüchtig, denn sie empfinden die Notwendigkeit, sich ihrem Partner überlegen zu fühlen bzw. haben Angst, ihm unterlegen zu sein. Daher bleiben sie ein sich selbst isolierendes Halbstück. Die spirituell fortgeschrittenen Partner dagegen dringen in höhere geistige Sphären vor und verschmelzen – wenn auch nicht körperlich (hier höchstens in Form des Geschlechtsverkehrs und in der liebevollen Umarmung), so aber doch geistig – zu einem Wesen. Die geistige (und im allegorischen Sinne auch körperliche) Verschmelzung wird im siebten Kapitel erläutert.

Die spirituell fortgeschrittene Partnerschaft grenzt sich aber nicht vom Rest der Schöpfung ab, sondern ist darum bemüht, dem gesamten Kosmos zu dienen. Die Ehe des Mahatma Gandhi steht als ein Beispiel hierfür. Spirituell entwickelte Seelen fühlen sich als Einheit mit dem gesamten Kosmos und allen Wesen.

Freilich kann auch ein Einzelmensch ohne Partner für alle Wesen Gutes leisten, doch in der Regel werden seine Kräfte schneller verbraucht. Eine spirituelle Partnerschaft dagegen ist wie eine sich wechselseitig immer wieder aufladende Batterie, die sich gegenseitig zu immer neuen sozialen Handlungen antreibt.

Erinnern wir uns in diesem Zusammenhang daran, was wir bereits im zweiten Kapitel festgestellt haben: Nur das in Genesis 1 geschaffene Wesen ist das vollständige Abbild Gottes. Nur dieses ist wirklich Mensch zu nennen, der Mensch nach der in Genesis 2 beschriebenen Trennung der Geschlechter dagegen nur in Verbindung mit seinem Gegenüber. Denn weil der irdische Mensch entweder Mann oder Frau ist, ist er mithin unvollkommen und damit des anderen Geschlechtes bedürftig.

Auch Swedenborg zufolge kann es nicht anders sein, als »dass sich in der Differenzierung und im Zusammenwirken der Geschlechter ein Urgesetz der Schöpfung widerspiegelt.«[1]

Die *Weisheit von Ramala* sieht es ebenso: »Um den wahren Sinn der Ehe zu erkennen, müssen wir an den Anfang der Schöpfung zurückgehen, zu jenem Zeitpunkt in der kosmischen Entwicklung, als ihr als Individuen geschaffen wurdet. In diesem Augenblick der kosmischen Schöpfung wurde euer Geist in zwei Aspekte geteilt, in die Dualität von positiv und negativ, männlich und weiblich.«[2]

Und in diesem Zusammenhang schreiben die Autoren weiter: »Wenn man isoliert lebt, kann man nur ... seinem eigenen Bewusstsein Entsprechendes hervorbringen und so nur die eine Hälfte der Schöpfung, sei es die männliche oder die weibliche, widerspiegeln. Aber wenn man in einer ausgeglichenen Ehe lebt, wenn man mit jemandem zusammen ist, der die andere Hälfte der Schöpfung, ihren Aspekt der Gottheit, verkörpert, dann entsteht aus der Verschmelzung zweier kreativer Energien in Harmonie und Ausgeglichenheit ein Ganzes.«[3]

Und schließlich schreibt Bo Yin Ra über den tieferen Sinn der Ehe, unsere eingangs aufgestellte Hypothese unterstützend: »Wohl denen, die in diesem Erdenleben schon, in der Ehe, ihren eigenen, ewigen Gegenpol finden, den Gegenpol, mit dem sie dereinst zu einem Gemeinschaftswesen im Geiste ewig vereint sein sollen, weil sie mit ihm vor der ›Ent-zweiung‹ einst vereinigt waren!«[4]

Man erkennt aus dem Dargelegten, dass der Mensch erst wirklich zum Menschen wird durch sein Gegenüber, der Mann durch die Frau und umgekehrt, und man erkennt weiter, dass die irdische Partnerschaft ein Spiegelbild der Dualseelenliebe ist und daher keinesfalls gegen den göttlichen Willen verstoßen kann. Erst im Neuen

Testament finden sich einige Textstellen, die scheinbar gegen die Ehe sprechen. Dagegen finden wir im Alten Testament und den Apokryphen nur positive Aussagen über die Ehe.

So heißt es beispielsweise in Vers 18,22 der *Sprüche Salomos:*

»Wer eine Ehefrau gefunden hat, der hat etwas Gutes gefunden und Wohlgefallen erlangt vom HERRN.«

Weiter lesen wir im Buch *Sirach,* einem apokryphen Text:

»Wer eine Frau erwirbt, erwirbt damit noch mehr: eine Gehilfin, die zu ihm paßt, und eine Säule, an die er sich lehnt.« (36,26)

Diese an einen Mann gerichteten Lebensweisheiten richten sich natürlich ebenso an die Frau, für die diese Weisheiten genauso zutreffend sind.

Da Jesus unverheiratet blieb, könnte im Christentum tatsächlich – entgegen den Überlieferungen des Alten Testaments – der Eindruck entstehen, dass auf dem spirituellen Weg ein Single-Dasein der Partnerschaft vorzuziehen ist. Dieser Eindruck wird durch Paulus' Formulierung in seinem ersten Brief an die Korinther noch verstärkt, denn er schreibt: »Es ist gut für den Mann, keine Frau zu berühren. Aber um Unzucht zu vermeiden, soll jeder seine eigene Frau haben und jede Frau ihren eigenen Mann.« (7,1–2) In 7,7 stellt Paulus seine Aussagen über die Ehe bzw. Ehelosigkeit dann aber deutlich als seine persönliche Meinung heraus: »Ich wollte zwar lieber, alle Menschen wären, wie ich bin, aber jeder hat seine eigene Gabe von Gott, der eine so, der andere so.«

Da jeder seine eigene Gabe von Gott hat, sozusagen eine eigene Aufgabe bzw. ein eigenes Schicksal in der gegenwärtigen Inkarnation, ist es für manche Menschen vorgesehen, zu heiraten oder eine der Ehe gleichzusetzende, dauerhafte Beziehung zu führen, während es für andere von der Vorsehung bestimmt ist, allein zu bleiben.

Für die Menschen, die ohne Partner leben und sich dennoch nach einer festen Beziehung sehnen, ist der Zeitpunkt für dieselbe noch nicht gekommen. Sie haben zuvor eine Aufgabe (Dharma) zu erfüllen und sollten diese mit Freude bewältigen, ohne in Selbstmitleid über ihr Alleinsein zu zergehen. Dann werden sich ihnen neue Horizonte auftun. Wenn sie ihre Aufgabe erfüllt haben, wird sich die richtige Partnerschaft zum richtigen Zeitpunkt einstellen. Das Alleinsein kann aber auch andere karmische Gründe haben, z. B. weil man in einer vergangenen Inkarnation selbst den Partner verlassen hat und nunmehr für seine Grausamkeit »büßen« muss. *Büßen* heißt nichts anderes, als *seine Situation neu zu überdenken.*

Divyanand bestätigt dies: »Unser Leben wird in großen Zügen von unseren früheren Karmas, das heißt von unseren Taten in früheren Lebensläufen, bestimmt. Obwohl wir viele Entscheidungen mit dem freien Willen treffen können, gibt es doch einen Schicksalsrahmen, der bereits vor der Geburt für ein ganzes Leben festgelegt ist und aus dem wir nicht ausbrechen können. Ob jemand heiratet oder nicht, wird ebenfalls entsprechend dem Karma nach göttlichem Willen gefügt … Ein Mensch, für den ein eheloses Leben auf Grund seiner früheren Karmas oder auf Grund seines spirituellen Hintergrundes gottgewollt ist, der empfindet dies von innen heraus, aus eigenem Antrieb.«[5]

Nach Paulus' recht eigenwilliger Formulierung

(1. Kor. 7,2) sieht er den Sinn und Zweck einer Ehe nur darin, *Unzucht zu vermeiden*. Wir wollen ihm an dieser Stelle deutlich widersprechen und festhalten, dass der eigentliche Sinn und Zweck einer Ehe nicht im Ausleben sexueller Bedürfnisse liegt. Da Paulus seiner Schreibweise gemäß in der Institution der Ehe nur das Ausleben der Begierden sieht, bevorzugt er aus diesem Grund, allein zu leben. Das zeigen die Verse 1. Kor. 7,8 und 9, in denen es heißt: »Den Ledigen und Witwen sage ich: Es ist gut für sie, wenn sie bleiben wie ich. Wenn sie sich aber nicht enthalten können, sollen sie heiraten; denn es ist besser zu heiraten, als sich in Begierde zu verzehren.«

Weil der Geschlechtsverkehr auch ein Abbild höherer geistiger Sphären ist, nämlich der Verschmelzung zweier liebender Dualseelen (vgl. Kapitel 7), kann derselbe nicht als sündhaft bezeichnet werden, wenn ihm die einzig richtige Motivation zugrunde liegt: die körperlich-geistige Vereinigung von zwei Liebenden, die in dem Wunsche gipfelt, sich selbst ganz in dem geliebten Wesen aufgehen zu lassen und mit ihm für alle Zeiten zu einem Wesen zusammenzuwachsen. Anders ausgedrückt: Entscheidend für die Motivation zum Geschlechtsverkehr ist, ob diese vom Herzen oder von den Genitalien ausgeht. Ist die füreinander empfundene Liebe der zwei Partner so stark, dass ihre Herzen und Seelen am liebsten miteinander verschmelzen würden oder spielt beim Geschlechtsakt lediglich Triebhaftigkeit und körperliches Aussehen eine Rolle und wäre der Partner dabei möglicherweise sogar beliebig austauschbar? Wir können somit festhalten, dass Sexualität, die in eine harmonische und feste Partnerschaft eingebunden ist, einen weiteren Höhepunkt für dieselbe darstellt; dass andererseits aber Sexualität, die losgelöst von einer festen Partnerschaft nur um der Lust und Begierde willen vollzogen wird, in der Regel ohne spirituellen Wert ist und daher als sündhaft bezeichnet wird.

Übereinstimmend hierzu teilt Platon im *Gastmahl* die folgenden Worte aus der Erzählung des Pausanias mit: »Eine Handlung ist niemals an und für sich gut oder an und für sich schlecht … Wenn wir ehrlich und edel handeln, so ist die Handlung gut, wenn wir niedrig handeln, schlecht. Und so ist auch Eros und jede Betätigung der Liebe an und für sich im Allgemeinen weder ein Edles noch würdig, gepriesen zu werden, sondern nur derjenige ist es, der auf edle Weise zu lieben weiß.« Weiter heißt es in derselben Erzählung: »Es ist niedrig, dem Niedrigen, und edel, dem Edlen zu Willen zu sein. Niedrig ist jener Adept der gemeinen Liebe, welcher den Leib mehr als die Seele liebt, denn er ist ohne Treue, da er ein so treuloses, wechselndes Ding wie den Leib liebt. Wenn der Leib, den er einst begehrt hat, verblüht, läuft er davon und schämt sich seiner vielen Worte und Versprechen. Nur wer die edle Gesinnung liebt, hat sich dem Dauernden verbunden und bleibt treu.«

Wir wollen weiter die Aussagen des Paulus in 1. Kor. 7, 27, 32 und 33 näher untersuchen: »Bist du an eine Frau gebunden, so suche nicht, von ihr loszukommen; bist du nicht gebunden, so suche keine Frau« (27).

»Ich möchte (aber), dass ihr ohne Sorge seid. Wer ledig ist, der sorgt sich um die Sache des Herrn, wie er dem Herrn gefalle (32); wer aber verheiratet ist, der sorgt sich um die Dinge der Welt, wie er der Frau gefalle, und so ist er geteilten Herzens« (33).

Gemäß dem Dualseelen-Gedanken und der spirituellen Liebe zwischen Mann und Frau ist die Sehnsucht nach dem ursprünglichen Du die größte, die es neben der Sehnsucht nach Gott gibt. Die Wiedervereinigung mit dem Dual zu erlangen, ist auch in Platons *Gastmahl* eine große Sehnsucht und stimmt auch mit der in der Bibel behandelten Thematik überein, denn »darum wird ein Mann seinen Vater und seine Mutter verlassen und seinem Weibe anhangen, und sie werden sein ein Fleisch« (Gen. 2,24). Der anscheinende Widerspruch aus 1. Kor. 7,27, dass der Mann keine Frau suchen soll, besagt lediglich, dass weder der Mann noch die Frau sich »auf der Suche nach dem Glück« verzehren und seine/ihre Energien verschwenden sollen; denn wenn es dem eigenen Schicksal entspricht, findet man den vorherbestimmten Partner für diese Inkarnation, der nicht unbedingt mit der Dualseele identisch ist, wie von selbst. Eine ausschweifende Suche ist nicht erforderlich. Ebenso findet man umgekehrt trotz intensiver Suche keine stabile Partnerschaft, wenn es dem eigenen Karma zum gegenwärtigen Zeitpunkt oder gar in der gegenwärtigen Inkarnation nicht entspricht. Die Suche nach der Dualseele oder einem sonstigen Partner würde uns jedenfalls von der spirituellen Suche ablenken.

Der Vers 1. Kor. 7,27 weist außerdem darauf hin, dass man mit dem, was man gerade hat – das gilt freilich nicht nur für die Partnerschaft, sondern auch für alle anderen Bereiche, wie berufliche Position, Besitz usw. –, zufrieden sein soll und alles so akzeptiert, wie es ist. Er besagt auch, dass man sich keine unnötigen Gedanken darüber machen soll, wie die Dinge anders sein könnten, weil man mit den jeweiligen Gegebenheiten fertig werden muss und alle Wünsche und Sorgen nur Kopfzerbrechen bereiten, Unzufriedenheit erzeugen und infolgedessen Leid mit sich bringen. Man muss sich dessen bewusst sein, dass alles, was wir derzeit haben und nicht haben, das Resultat unseres Karmas ist. Wenn man nicht bereit ist, dies zu akzeptieren, kommt man leicht vom spirituellen Pfad ab, wird unzufrieden und verstrickt sich immer mehr in weltliche Angelegenheiten.

Die Verse 1. Kor. 7,32 und 33 sind lediglich eine Unterstellung, denn gerade derjenige, der ohne Partner ist, wird, wenn er nach einem geeigneten Partner sucht, sich auf diese Weise um die Dinge der Welt kümmern, nämlich insbesondere darum, wie er dem anderen Geschlecht gefalle. Dagegen ist der Mensch, der seinen Lebenspartner bereits gefunden hat, von dieser Last befreit und kann sich nunmehr viel stärker auf seine spirituelle Suche begeben, nachdem die Suche nach einem geeigneten Partner abgeschlossen ist. Diese Argumentation zur Widerlegung der vorgenannten Verse ist natürlich ebenfalls nur eine Unterstellung. Sie setzt nämlich voraus, dass der alleinstehende Mensch sich auf der Partnersuche befindet und die Lebenspartner sich der gemeinsamen Suche nach spiritueller Erkenntnis widmen. Man kann aus diesem Sachverhalt leicht erkennen, dass nicht alle Bibelverse eine gleichwertige Aussagekraft besitzen, wie einige »bibeltreue« Christen meinen, die zu sehr am Wortlaut kleben, um den sich dahinter verbergenden tieferen Sinn erkennen zu können. Was Paulus hier ausdrücken will, ist jedoch klar: Der verheiratete Mensch ist in der Regel viel stärker im weltlichen Geschehen involviert auf Grund seiner Verpflichtungen und Verantwortung gegenüber seiner Ehefrau/Familie als der allein auf sich gestellte Junggeselle. Dennoch, so haben wir gesehen, lassen diese Argumente keinen allgemein gültigen Schluss zu und können daher auch nicht den Wert der spirituellen Ehe herabwürdigen.

Die eingangs aufgeführte Aussage Jesu in Matth. 19,12 meint, wie 1. Kor. 7,27, dass wir uns nicht ablenken lassen sollen durch weltliche Dinge. Eine Partnerschaft hat einen weltlichen Charakter, wenn lediglich ein Partner spirituell ist, der andere aber weltlich, weil der spirituelle Partner seiner Gottessehnsucht in diesem Fall nicht in dem Maße nachgehen kann, wie er es könnte, wenn er Single geblieben wäre oder Partner einer ebenfalls spirituellen Person wäre; der weltliche Partner wird ihn in einer solchen Beziehung oft negativ beeinflussen oder die Beziehung belasten. Da die Partner sich auf Grund ihres gemeinsamen Karmas gefunden haben, kann umgekehrt natürlich auch eine positive Beeinflussung des eher weltlich orientierten Partners durch den mehr spirituell veranlagten Partner erfolgen.

Der Hauptgrund für die Aussage, keine Ehe einzugehen, ist sicher dieser, dass die Menschen zu allen Zeiten Liebe und Leidenschaft nicht recht voneinander unterscheiden konnten und mehr der Leidenschaft frönten, als die wahre Liebe zu leben, die frei ist von Egoismus, Eifersucht und dergleichen. Ein wesentlicher Bestandteil der vollkommenen *Zweier-Gemeinschaft* ist die Spiritualität der beiden Partner. Nur wenn die Partnerschaft spirituell geführt wird und auf Gott, den eigenen bzw. gemeinsamen spirituellen Fortschritt und auf das Wohlergehen der Allgemeinheit ausgerichtet ist, erfüllt sie ihren eigentlichen, tieferen Zweck. Da zu allen Zeiten spirituelle Menschen rar gesät waren, die den Weg Gottes einschlugen, soll die Aussage in Matth. 19,12 gerade die spirituellen Menschen ansprechen, die ohne Partner sind, damit die Suche nach einem geeigneten Partner, möglicherweise sogar nur einem »Phantom-Partner«, nicht die Kräfte und Energien unnötig verzehrt und dabei von ihrer eigentlichen spirituellen Suche nach Gott sowie dem Sinn und Zweck des Lebens ablenkt. Nur eine spirituelle Partnerschaft ist eine wertvolle Partnerschaft; jeder anderen Partnerschaft – und das sind leider sehr viele – ist das Alleinsein vorzuziehen. Freilich hat auch das Alleinsein nur dann Sinn, wenn sich der jeweilige Mensch der spirituellen Suche widmet.

Die ideale Beziehung besteht aus zwei spirituellen Partnern, die ihr gemeinsames Leben Gott widmen und sich auf der spirituellen Suche gegenseitig unterstützen und ermuntern. Eine solche Partnerschaft besitzt einen hohen spirituellen Wert, denn sie ist für beide Seiten von größerem Nutzen, als wenn beide allein wären. Denn wie wir bereits in der Kommentierung zu Gen. 2,24 mit Bezug auf die Erkenntnis der Eheleute Vissell ausgeführt haben, ist die Kraft von zwei harmonisch ineinander fließenden Schöpfungskräften weit größer als die Summe der zwei getrennten Teile. Die Skepsis, die einige Bibelverse der Ehe gegenüber einnehmen, bezieht sich – wie wir gesehen haben – in erster Linie auf die eventuell damit verbundenen bloß sexuellen Handlungen, doch würden die gleichen Bibelverse mit Sicherheit eine spirituelle Partnerschaft, in der die Sexualität nicht aus triebhaften Beweggründen vollzogen wird, sondern in eine harmonische Beziehung eingeflochten ist, für gut befinden. Die Hauptsache ist, dass beide Partner in ihrer spirituellen Suche und freien Entfaltung nicht eingeschränkt werden und keine Abhängigkeit voneinander besteht. Mit Abhängigkeit meine ich, dass beide Partner aufeinander angewiesen sind, also nichts mit sich allein anfangen können und daher in sich selbst »wertlos« sind, weil ein Vakuum entsteht, sobald der Partner sich nicht in der eigenen Gegenwart befindet. Das gilt umso mehr für den »endgültigen« Verlust des Partners, sei es infolge Trennung oder Tod.

Wenn der Ehepartner stirbt, werden wir ihn natürlich vermissen und um ihn trauern, doch müssen wir uns in einem solchen Fall vergegenwärtigen, dass alles Geborene dem Tod unterworfen ist, der Tod also nichts Ungewöhnlicheres ist als beispielsweise abends schlafen zu gehen, da das Leben für uns weitergeht. Nicht die Trauer um den Verlust des Partners ist übermäßige Anhaftung, sondern eine zu tiefe Trauer, die bis zur Selbstaufgabe führen kann. Ganz treffend schilderte dies schon Shakespeare in *Romeo und Julia:* »Etwas Kummer zeigt viel Liebe, aber viel Kummer zeigt doch etwas Mangel an Geist.«

Was im Zusammenhang mit der Dualseele noch interessiert, ist die Frage, von welcher Natur die Engel sind. In den Kommentaren christlicher Theologen findet man allenfalls Formulierungen, in denen es heißt, dass die Engel die Art Gottes teilen und im wahren Sinn Angehörige der Familie Gottes sind. Das soll uns hier aber nicht genügen und wir wollen daher zwei mögliche Theorien untersuchen. Dabei dürfen wir nicht die Tatsache übergehen, dass die Liebe das höchste Gebot jeder Religion ist und der Mensch der glückseligste ist, dem Liebe entgegengebracht wird. Von daher kann es nicht anders sein, als dass die Erlösten die Liebe im höchsten Maße erfahren. Entweder ist diese höchste Liebe die der Dualseelen, die als Engel wieder männlich-weiblich sind (vergleiche hierzu das siebte Kapitel der vorliegenden Ausarbeitung) oder jene von geschlechtslosen Engeln als direkte Geliebte der Gottheit.

Die erstgenannte Möglichkeit hinsichtlich der Beschaffenheit der Engel ist jene der Verschmelzung von Mann und Frau zu dem einen Wesen, das sie ganz zu Anfang waren (vgl. Gen. 1,27), bevor die beiden Hälften voneinander getrennt wurden (vgl. Gen. 2,22). Nach dieser Theorie heiraten die Erlösten deshalb nicht mehr, weil Gott die zwei getrennten Teile wieder zu einem Ganzen vereint. Die hier von Gott mit Zustimmung der beiden Wesen vorgenommene Verschmelzung ist ein anderer Vorgang als die irdische Partnerschaft. Während diese spätestens mit dem Tode endet – was nicht heißt, dass die beiden Wesen einander nach dem Tod oder in der nächsten Inkarnation nicht mehr begegnen – und auch wieder gelöst werden kann, ist die Verschmelzung der Dualseelen ein viel weitreichender Vorgang. Sie können sich von nun an nicht mehr trennen und wollen dies auch gar nicht; denn sie sind froh darüber, wieder ein Wesen zu bilden und innerlich weit genug entwickelt, um zu wissen, dass sie niemals wieder die Leidenszeit erleben wollen, die sie während ihres Aufenthaltes in der Materie, meistens getrennt voneinander, durchgemacht haben.

Dieser ganze Mensch, der männlich und weiblich zugleich ist, ist nach dem Sohar nur wirklich Mensch zu nennen; denn der Mensch wurde nach Gen. 1,27 männlich und weiblich erschaffen. Ganz sein heißt in diesem Zusammenhang nicht, dass zwei Wesen derart miteinander verschmelzen, dass die beiden Individualitäten verloren gehen, sondern vielmehr, dass sie miteinander verschmelzen *wie in eins*. Sie sind zwei Wesen, empfinden sich aber als *eine Einheit*.

Eine Bestätigung dieser These finden wir in den Berichten Swedenborgs: Ein Engel, in Begleitung mit seinem Dual, soll Swedenborg bei dessen geistigem Vordringen in den Engelshimmel gesagt haben: »Wir zwei sind Eins, ihr Leben ist in mir, mein Leben ist in ihr. Wir sind zwei Gestalten, aber Eine Seele.«[6]

Deshalb werden dort »zwei Ehegatten nicht zwei, sondern Ein Engel genannt.«[7]

Auch im Koran und im gnostischen System des Markos finden wir diesbezügliche Hinweise. In Sure 81,8 des Koran finden wir die folgende Passage in dem Bericht über die Endzeit: »Und wenn die Seelen zu ihren Partnern gesellt werden.« Diese Sure ist ganz offensichtlich eine bedeutsame Aussage über die letztendlich zeit- und entwicklungsbedingte Wiedervereinigung der Dualseelen. Das gnostische System des Markos drückt es ähnlich aus: »Die Erlösten legen ihre Seele ab …, werden emporgehoben, in das Brautgemach geführt und den Geliebten übergeben.«[8]

Über die Welt der Engel berichtet uns Emanuel Swedenborg: »Ziel der Erschaffung des Weltalls ist es, dass ein Engelshimmel existiere, d. h. ein Reich der echten Gegenüber-Wesen, der echten gemeinten Menschen, aus denen sich der Himmel bildet. Das Menschengeschlecht ist die Pflanzschule des Himmels.«[9]

Es sei an dieser Stelle jedoch darauf hingewiesen, dass Emanuel Swedenborg kein vollständiger Kenner der geistigen Welt war. So berichtet er zwar davon, dass zwei zueinander passende Seelen von Gott miteinander vereint werden (können) und dies auch das Ziel des nach Vollkommenheit strebenden Menschen sein soll, doch ist er sich ganz offensichtlich nicht der Tatsache bewusst, dass diese vereinten Seelen – wenn es sich nicht um eine karmisch bedingte Vereinigung handelt, sondern um die Vereinigung zweier seit Anbeginn zusammengehörender Seelen – bereits in der Vergangenheit ein Wesen gebildet haben und ursprünglich aus diesem einen Wesen hervorgegangen sind. Mindestens ebenso erwähnenswert als Zeichen seiner unvollständigen Kenntnisse sind seine Verneinung des Reinkarnationsgedankens und seine Aussage, dass die Seelen verstorbener Tiere nicht fortbestehen. Wir wollen uns daher seine Mitteilungen zwar unvoreingenommen ansehen – vor allem deshalb, weil sie nachvollziehbar und einleuchtend klingen –, doch sie keineswegs ungeprüft als Wahrheit hinnehmen. Hier kommen wir ohnehin zu einem spirituellen Grundsatz, den man nicht treffender hätte formulieren können als Buddha: »Glaube nichts auf bloßes Hörensagen hin, glaube nicht an Überlieferungen, weil sie alt und durch viele Generationen auf uns gekommen sind … Was nach eigener Erfahrung und Untersuchung mit deiner Vernunft übereinstimmt und zu deinem eigenen Wohle und Heile wie zu dem aller anderen Lebewesen dient, das nimm als Wahrheit hin und lebe danach.«

In Übereinstimmung mit Swedenborg schreibt Prabhupada über die Engel: »In der spirituellen Welt gibt es zwar auch Küsse und Umarmungen, doch gibt es dort keine Sinnenbefriedigung, wie sie in der materiellen Welt besteht.«[10]

Wir glauben zu wissen, dass der Anfang stets dem Ende ähnlich ist. Wir fragen uns daher, wie der engelhafte und der himmlische Zustand sind. Ausgehend von der Annahme, dass der Mensch als Androgyn – weiblich und männlich in sich vereinend – geschaffen wurde (Gen. 1,27), müssen wir diesen Urmenschen als unser ältestes biblisch nachweisbares Vorbild betrachten. Doch muss nicht zwangsläufig alles, was einmal geschaffen wurde, auch irgendwann, selbst wenn es über noch so viele Äonen hinweg besteht, wieder vergehen? Da der androgyne Mensch gemäß biblischer Überlieferung aber erschaffen wurde, stellt sich uns die Frage, *aus was* er erschaffen wurde. Aus einem höheren, nie entstandenen und unvergänglichen männlich-weiblichen Vorbild oder aus einem geschlechtslosen Wesen? Oder auf irgendeine andere Art und Weise, von der wir überhaupt keine Vorstellung haben? Ist nun der *endgültige* Zustand derselbe wie der, der vor Erschaffung des in Genesis 1,27 beschriebenen Menschen bestanden hat und über den wir in der Bibel nichts erfahren? Oder ist der letztlich erstrebenswerte und endgültige Zustand des Menschen identisch mit dem Urandrogyn? Würde er in diesem Falle aber nicht verkümmern, weil er allein und einsam war? Oder ist der letztendliche Zustand derselbe wie derjenige nach der Entzweiung: der Zustand der echten Gegenüber-Wesen, die miteinander und füreinander existieren? Denn diese beiden Wesen lebten glücklich zusammen, bevor sie der Sünde anheim fielen.

Entgegen den in der ersten Hypothese angeführten Argumenten – die eine Verschmelzung zweier Wesen, das eine männlich und das andere weiblich, zu einem androgynen (wie Gen. 1,27) oder einem Gegenüber-Wesen (wie Gen. 2,18) darstellen – haben wir uns im vorangegangenen Absatz die Frage gestellt, aus welcher Substanz und in Anlehnung an welches geistige Vorbild der in Gen. 1,27 erwähnte androgyne Mensch erschaffen wurde. Diese Frage können wir leider nicht beantworten und bestenfalls mit weiteren möglichen Hypothesen ausschmücken, was wir uns aber ersparen wollen. Wir können an dieser Stelle aber die Feststellung treffen, dass es das Ziel der christlichen, hinduistischen und buddhistischen Schriften ist, sich von allen weltlichen Erscheinungsformen abzuwenden. Das schließt in diesem Fall ausdrücklich auch den Lebensgefährten ein. Jesus sagt in *Lukas 18,29–30:* »Wahrlich, ich sage euch: Es ist niemand, der Haus oder Frau oder Brüder oder Eltern oder Kinder verlässt um des Reiches Gottes willen, der es nicht vielfach wieder empfange in dieser Zeit und in der zukünftigen Welt das ewige Leben.«

Nun stellt sich natürlich die Frage, wie sich das Verlassen einer Familie, für die man Verantwortung zu tragen hat, mit den göttlichen Geboten verträgt. Eine Frage, die ich auch nicht zu beantworten vermag. Ich kann es mir nur so vorstellen, dass derjenige, der spirituell weit genug entwickelt ist, diesen Weg zu beschreiten, instinktiv weiß, dass Gott für seine Familie sorgen wird. Es soll jedoch an dieser Stelle ausdrücklich betont werden, dass es nicht erforderlich ist, die Familie tatsächlich zu verlassen, sondern nur, dass der Familie nicht mehr Bedeutung und Liebe entgegengebracht werden soll als Gott. Diese Notwendigkeit erklärt Jesus in *Matthäus 10,37:* »Wer Vater oder Mutter mehr liebt als mich, der ist meiner nicht wert; und wer Sohn oder Tochter mehr liebt als mich, der ist meiner nicht wert.« Diese Aussage Jesu können wir durch ein Gleichnis verdeutlichen: Wenn ein Mann eine Partnerschaft mit einer Frau hat, die ständig den Rat ihrer Mutter einholt, der im Gegensatz zu den Vorstellungen des Mannes steht, steht sie ihrer Mutter näher als ihrem Lebensgefährten. Sie hat sich nicht von ihrer Mutter lösen können und ist daher für den Mann keine gute Partnerin. Auf die gleiche Weise ist die Loslösung von Familienbanden und die Hinwendung zu Gott zu verstehen.

Diesen religiösen Vorstellungen – vom Verlassen der eigenen Familie und dem Ziehen in die Hauslosigkeit, oder zumindest der innerlichen Abkehr von der Familie, um des Reiches Gottes willen – folgend, lässt die Vermutung aufkommen, dass es das einzige Ziel der Seele ist, sich wieder mit Gott zu vereinen. Die Loslösung von allen Familienbanden, und darum auch vom eigenen Lebensgefährten, klingt fast wie ein Widerspruch zur Dualseelen-Lehre. Dass Dualseelen existieren, scheint nach allen bisher behandelten Ausführungen sicher zu sein. Doch könnte es trotzdem sein, dass bei der letztendlichen Rückkehr der Wesen ins Nirvana, falls diese dabei möglicherweise sogar ihre Seelen ablegen, dann zwangsläufig auch die Dualseelen nicht mehr sind. Da die Seele und erst recht das die Seele belebende Selbst (der Geist Gottes) geschlechtslos ist bzw. latent beide Geschlechtsmerkmale in sich vereinigt, bedarf es, wenn man dieser Theorie weiter nachgehen möchte, offensichtlich keiner Verbindung der Dualseelen mehr zueinander. Jedes Wesen (Selbst) ist in sich vollständig, und der Gegensatz von Männlichkeit und Weiblichkeit betrifft möglicherweise nur Aspekte unseres Bewusstseins.

Wir glauben zu wissen, dass die Seele kein feststehendes Geschlecht besitzt, sondern dieses erst während einer Inkarnation annimmt. Deshalb argumentieren die

Vertreter des *evolutiven* Prinzips (vgl. hierzu die Erläuterung im vorangegangenen Kapitel), dass der vollkommene Mensch weder Mann noch Frau ist, sondern beide Geschlechtsprinzipien harmonisch in sich vereinige. Nach ihrer Auffassung ist dies das Ziel aller Entwicklung.

Der hier angenommenen These folgend, die die ewige Verbindung der Dualseelen als Illusion entlarvt, lässt sich alternativ zur ersten Theorie die folgende Hypothese aufstellen:

Zunächst einmal muss man sich in diesem Fall von der Vorstellung befreien, dass ein Leben, bei dem es nicht die Liebe zwischen Mann und Frau gibt, als nicht erstrebenswert gelten kann. Denn nach unserem menschlichen Verständnis stellt die Liebe der Geschlechter zueinander die höchste Glückseligkeit dar, wenn auch einige – und häufig nicht wenige – negative Seiten daran haften. Wenn also die Liebe zwischen den Geschlechtern aufhören würde, so müsste demnach eine andere Liebe von viel höherem Wert und größerem Glücksgefühl sein. Eine solche Liebe wäre in der hier angenommenen Hypothese in der Art denkbar, dass *die Seele die Geliebte Gottes* ist und diese Liebe in ihren glückseligen Auswirkungen jede nur denkbare andere Liebesbeziehung bei weitem übersteigt.

Wenn das Einzelwesen von der allumfassenden Liebe Gottes aufgesogen wird, genießt es das höchste Glücksgefühl. Dieses Glück ist immer während, da es zeitlich unbegrenzt ist. Die einzig denkbare Möglichkeit einer zeitlichen Begrenzung wäre die Wiederholung des Sündenfalls, die aber – wie schon in dem vorangegangenen Abschnitt in Bezug auf die Dualseelen erwähnt – deshalb nicht denkbar ist, weil nur die Erlösten das Nirvana erreichen, die alle sich nur als Illusion erweisenden irdischen Freuden, wissend insbesondere um die das Leid mit sich bringende Dualität der materiellen Welt, hinter sich gelassen haben. Hiervon ausgehend, dürfte sich keine Rückfallgefahr ergeben, was auch von Buddhas Erkenntnis und der hinduistischen Philosophie untermauert wird: »Wer einmal dorthin (ins Nirvana) gelangt, für den gibt es keine Rückkehr mehr zu dieser Welt.« Denn der Unterschied zwischen dem uns bekannten Sündenfall, der die Entstehung des sichtbaren Weltalls zur Folge hatte, und einer rein theoretischen Wiederholungsgefahr eines Sündenfalls ist doch dieser, dass die Wesen zum Zeitpunkt des in der Bibel beschriebenen Sündenfalls noch nicht zwischen *gut und böse* unterscheiden konnten. Dies ist bei den zwischenzeitlich Erlösten jedoch der Fall. Von daher würden sich diese Wesen, die nun im Besitz der allumfassenden Erkenntnis sind, davor hüten, noch einmal einen so schwerwiegenden Fehler zu begehen, da sie nun wissen, welch umfangreiches und langwieriges Leid ein solches Fehlverhalten nach sich zieht.

Diese im vorherigen Absatz beschriebene allumfassende Liebe Gottes lässt die Seele – oder wie immer man das erlöste Wesen nennen mag – das höchste Glück erfahren, das sie nie wieder missen möchte. Diese Liebe ist frei von jeglichem Kummer, Streit und dergleichen Dingen. Das Wesen wird in einem solchen Maße in die göttliche Liebe aufgenommen, dass es keinen Grund zur Eifersucht oder zum Zweifel an der Aufrichtigkeit dieser Liebe gibt. Auf der anderen Seite sind die Erlösten ohnehin frei von solchen rein menschlichen Schwächen wie Eifersucht und Zweifel.

Die Glückseligkeit, die den Erlösten zuteil wird, kann mit Worten nicht beschrieben werden und ist dem menschlichen Gehirn auch nur zu denken unmöglich. Solange wir an unseren Körper verhaftet sind, sind wir nicht frei und haben somit auch nicht die Freiheit des unbegrenzten Fassungsvermögens und des unbegrenzten Seins. Je weiter wir in die geistigen Sphären vorzudringen vermögen, desto wohler und geborgener werden wir uns fühlen.

Soami Divyanand bestätigt diese zweite Hypothese, die eine Verschmelzung der Seele mit der Gottheit annimmt: »Die Seele oder das Bewusstsein eines Menschen vom Körper zu lösen, sie in den Bereich des Geistes zu entrücken und sie dort weiter zu Gott zu führen, sind Aufgaben, die keiner Ehefrau zukommen können, sondern nur der göttlichen Gemahlin – dem Strom göttlicher Offenbarungen.«[11]

Die beiden vorgenannten Hypothesen – ob also die Dualseelen miteinander verschmelzen oder eine Verschmelzung der Seele mit Gott geschieht – sind fraglich, da sie im Vergleich zueinander widersprüchlich sind. Eine dritte Möglichkeit wäre eine Kombination dieser beiden Hypothesen, bei der die Dualseelen zwar miteinander verschmelzen, dabei aber gleichzeitig gemeinsam von der allumfassenden Liebe Gottes förmlich aufgesogen werden. Diese letzte Hypothese würde wieder die *Dreiheit* in der Schöpfung bestätigen. Während irdisch verbundene Paare als Mann und Frau sich auf ein Drittes in Form eines Kindes konzentrieren, vollziehen das die geistig miteinander verbundenen Paare mit der Gottheit.

Nun wollen wir untersuchen, welche dieser drei Hypothesen denn die richtige sein müsste. Nach langem

Umgang mit dieser Thematik neige ich zu der Überzeugung, dass nur die dritte Hypothese richtig sein kann. Ich will dies im folgenden Text belegen:

Würde die erste Hypothese stimmen, wären dann nicht zwangsläufig alle zur zweiten Hypothese aufgeführten Aussagen falsch? Und würden sich bei der Richtigkeit der zweiten Hypothese umgekehrt nicht ebenfalls alle Aussagen der ersten Hypothese als unrichtig erweisen? Sind ferner diese beiden Hypothesen nicht unvollständig? Also muss es sich wohl offensichtlich so verhalten, dass die dritte Hypothese richtig ist, weil sie die Verbindung der zwei erstgenannten Hypothesen herstellt und sie gegenseitig ergänzt. Die erste Hypothese hat Recht, weil sie die Verschmelzung der Dualseelen – die Verschmelzung des Männlichen mit dem Weiblichen – beschreibt; sie ist aber unvollkommen, weil sie nicht ausdrücklich auch die Verschmelzung der Seele mit Gott zum Inhalt hat. Andererseits ist aber auch die zweite Hypothese unvollständig, weil sie nur die Verschmelzung der Seele mit Gott beschreibt; sie geht jedoch nicht auf die Verschmelzung der Dualseelen ein – und lässt damit auch die Wiederherstellung des Zustandes des ganzheitlichen, zweigeschlechtigen Menschen vor der in den Genesis-Versen 2, 21ff. beschriebenen Trennung außer Acht.

Die dritte Hypothese hebt die Defizite der beiden erstgenannten Hypothesen auf und ergänzt sie in geradezu idealer Weise. Denn nur sie bestätigt den Grundsatz, dass der Anfang stets dem Ende entspricht; hier nämlich in der genau entgegengesetzten Entwicklung der in den Genesis-Versen 1,27 und 2,21ff. beschriebenen Entstehungsgeschichte des Menschen. Zunächst emanierte der ganzheitliche – männliche und weibliche – Mensch aus Gott heraus (Gen. 1,27) und danach erfolgte die Teilung in zwei Geschlechter (Gen. 2,21ff.). So muss denn auch die Rückentwicklung in genau umgekehrter Reihenfolge vor sich gehen: zunächst die Überwindung der Teilung der Geschlechter (durch Wiedervereinigung mit der Dualseele) und danach die Vereinigung des nunmehr wieder ganzheitlichen Menschen mit Gott – die so genannte *Unio mystica*.

Das heißt aber selbst bei spirituell sehr weit fortgeschrittenen Seelen nicht, dass sie ihrer Dualseele während des Erdenlebens begegnen müssen, sondern kann ebenso bedeuten, dass beim Freiwerden der Energien der beiden voneinander getrennten Einzelseelen – nämlich beim möglicherweise sogar gleichzeitigen Verlassen der körperlichen Hüllen an getrennten Orten – diese sich in der Astralebene vor der Himmelspforte begegnen, wo sie schließlich erst miteinander verschmelzen und anschließend ins Nirvana eintreten.

Abschließend sei zu den hier aufgestellten Hypothesen – unter Hervorhebung der dritten – erwähnt, dass Jesu Aussage in *Lukas 20,34–36* die Dualseelen-Lehre weder bestätigt noch widerlegt. Jesus hat auch nie der in der Genesis beschriebenen Entzweiung von Mann und Frau aus einem ursprünglich ganzheitlichen Wesen widersprochen, was uns mit Blick auf viele andere Überlieferungen – wie beispielsweise dem Sohar, Platons *Gastmahl* und verschiedenen Mythen, die im zweiten Kapitel des vorliegenden Buches ausführlich behandelt wurden – zu der Überzeugung kommen lässt, dass die Dualseelen-Lehre nicht irrt. Wohl meinen manche, die biblische Erzählung von der Teilung des Menschen beziehe sich nicht wirklich auf die Entstehung von Mann und Frau, sondern vielmehr auf etwas wie den *inneren* und den *äußeren* Menschen oder auf den *astralen* und den *physischen* Menschen. Wie wollen sie dann aber die Erschaffung der Frau als unmittelbare Folge der Feststellung »Nicht gut ist, dass der Mensch allein sei; ich will ihm eine Gehilfin schaffen als sein Gegenüber« erklären?

Wir haben hier bereits dem achten Kapitel ein wenig vorweggegriffen, denn in diesem werden wir uns mit dem Nirvana auseinandersetzen. In diesem Kapitel wollten wir lediglich das Wesen der Engel, also die letztendlich dauerhafte Beschaffenheit der lebenden Wesen, untersuchen.

Jesu Worte in *Lukas 20,35–36* beziehen sich in einem gewissen Sinn auch auf die Astralebene, in der die Seelen sich zwischen den Inkarnationen aufhalten, denn auch in dieser gibt es keine Heirat – wenn auch Zuneigungen der Art, wie sie in der zuvor behandelten ersten Hypothese über die Engelwelt beschrieben wurden –, keinen Geschlechtsverkehr und keine Fortpflanzung, da sich unsterbliche Seelen auch nicht vermehren können.

Wir haben Grund zu der Annahme, dass Emanuel Swedenborg in die Astralwelt vorgedrungen ist und seine in diesem Kapitel behandelten Berichte Erfahrungen aus jener Region sind. Swedenborg besaß wohl kaum ein Bewusstsein von Nirvana, weil ein solches nur den Vollendeten möglich ist.

Zum Abschluss dieses Kapitels wollen wir kurz untersuchen, wie die Astralwelt beschaffen sein mag.

Zunächst werden wir nach unserem Ableben von anderen Seelen in Empfang genommen. Diese anderen Seelen sind Wesen, mit denen man schon auf Erden in

Liebe verbunden war und die zu einem früheren Zeitpunkt gestorben sind. In vielen Fällen wird außerdem ein Lichtwesen erblickt, das oft als Jesus Christus bezeichnet wird. Wer sich mit dieser Thematik eingehender befassen möchte, dem sei die entsprechende Literatur von Raymond A. Moody und Elisabeth Kübler-Ross empfohlen.

Ein buddhistischer Vers drückt die Nachtoderfahrung wie folgt aus: »Wer aus der Ferne heimkehrend, wohlbehalten im Haus erscheint nach langer Zeit, den grüßt freudig der Freunde und Verwandten Schar. So den Menschen, der recht handelt, empfangen in der Himmelswelt seine eigenen Guttaten wie Verwandte den lieben Freund.«[12]

Auch in der Bibel finden wir einige Hinweise über die Zeit nach dem Tode und wollen an dieser Stelle nur die bekannte Geschichte vom reichen Mann und dem armen Lazarus über die Unterschiede zwischen der grobstofflichen (materiellen) und der feinstofflichen (astralen) Welt behandeln. In dieser Erzählung (Lukas 16,19ff.) wird geschildert, dass es einen reichen Mann gab, der alle Tage herrlich und in Freuden lebte, und einen sehr armen Mann mit Namen Lazarus, der voll von Geschwüren vor der Tür des Reichen lag und begehrte, sich zu sättigen mit dem, was von des Reichen Tisch fiel. Als der Arme starb, wurde er von den Engeln getragen in Abrahams Schoß. Der Reiche dagegen kam in die Hölle und sah Abraham von der Ferne und Lazarus in seinem Schoß. Er bat darum, Lazarus zu ihm zu senden, um ihm die Zunge zu kühlen, da er fürchterliche Pein in diesen Flammen litt. »Aber Abraham sprach zu ihm: Gedenke, Sohn, dass du dein Gutes empfangen hast in deinem Leben, Lazarus dagegen hat Böses empfangen; nun wird er hier getröstet, und du wirst gepeinigt.«

Anhand dieser Geschichte ist es also durchaus vorstellbar, dass der Mensch, der sich während seines Erdenlebens immerfort nach seiner wahren Liebe gesehnt hat, aber ihr nicht begegnet ist, nach seinem Tod mit seiner Dualseele wieder vereinigt wird und über alle Maße glücklich ist.

Übereinstimmend hierzu lesen wir bei Swedenborg: »Wir wissen, dass nicht jeder Mensch während seines Lebens auf Erden den rechten Partner findet oder nicht jeder mit dem Partner, dem er wahrhaft ehelich verbunden sein könnte, verheiratet ist.« Entscheidend ist nach Swedenborg, »dass der Mensch vom rechten Ziel weiß und es ersehnt und sein Gemüt nicht dem Wunsch nach ehelicher Verbindung entfremdet, dass man spürt, dass er als Nur-Mann, sie als Nur-Weib nicht ganzer Mensch sein kann«.[13]

6.

Geschichten und Gleichnisse

*I*n diesem Kapitel werden solche Geschichten behandelt, die die Liebe zwischen zwei Dualseelen beschreiben oder zumindest für diese Liebe charakteristisch sind. Ebenso werden am Schluss des Kapitels zwei Gleichnisse behandelt, welche das Wesen der Dualseelen darstellen.

Peter Ibbetson

Eine wirklich außergewöhnliche Darstellung über die Liebe eines Dualseelen-Paares gelang dem englischen Schriftsteller und Karikaturisten George du Maurier (geboren am 6. März 1834 in Paris, gestorben am 6. Oktober 1896 in London; Großvater der Schriftstellerin Daphne du Maurier) in seiner 1891 erschienenen Novelle *Peter Ibbetson*. Der Inhalt wird hier recht ausführlich wiedergegeben, weil das Buch zum einen in Deutschland nicht erhältlich ist und es zum anderen einige tiefe esoterische Weisheiten – nicht nur über Dualseelen – enthält. Außerdem war es meine Absicht, diese außerordentlich interessante und heute leider vergessene Novelle als ein Musterbeispiel einer Geschichte über Dualseelen anzuführen:

In der Mitte des 19. Jahrhunderts lebten in dem Pariser Vorort Passy in unmittelbarer Nachbarschaft das

Mädchen Mimsey Seraskier und der Junge Pierre Pasquier de la Marière alias Gogo. Sie verbrachten dort zusammen einige recht glückliche Kindheitsjahre. Nachdem der Tod Pierres Eltern vorzeitig ereilt hatte, holte Colonel Ibbetson, ein Verwandter seiner Mutter, den Jungen zu sich nach London. Von da an trennten sich die Wege von Pierre und Mimsey. Pierre nahm den Namen seines Onkels an und nannte sich fortan Peter Ibbetson.

Viele Jahre später sah Peter auf einer Party eine Frau, bei deren Anblick sich sein Leben auf eine seltsame Weise veränderte. Peter bemerkte, dass diese fremde Frau sich bei der Gastgeberin über ihn erkundigte, und er tat dasselbe bei einem anderen schüchternen Mann, der ebenfalls allein in einer Ecke stand. »Die Herzogin von Towers«, war seine Antwort. Obwohl Peter glaubte, dieser wundervollen Herzogin nie wieder zu begegnen und sie mit Sicherheit niemals kennen zu lernen, hatte sich ihr Pfeil tief in sein Herz gebohrt. Er wusste, dass sie das Ideal in seinem einsamen Leben sein würde. In der Folgezeit dominierte die Erinnerung an die Herzogin von Towers sein Leben und er sah ihr Gesicht ständig vor sich, sowohl bei Tag als auch bei Nacht.

Einige Zeit später fuhr Peter zu einem Kurzurlaub nach Paris, wo er sich mit einer gewissen Wehmut an den Orten seiner Kindheit erfreute und die Herzogin von Towers am Fenster einer Kutsche erblickte. Ihr Blick durchdrang Peter Ibbetson wie ein unerwarteter Lichtstrahl vom Himmel.

Sich an ihr Gesicht erinnernd, schlief Peter am Abend in seinem Hotelzimmer ein und träumte einen Traum, mit dem die erste Phase seines wirklichen Innenlebens begann. Denn auf einmal begegnete er der Herzogin von Towers, die ihn freundlich aufforderte: »Geben Sie mir Ihre Hand und kommen Sie zu mir.« Peter spürte sogleich, dass dies kein gewöhnlicher Traum war, sondern eine Art transzendentes Erdenleben.

Als Peter aus seinem Traum erwachte, war er nicht ein bisschen wacher, als er es eine Minute zuvor in seiner seltsamen Vision war – eher weniger! Peter resümierte sein Traumerlebnis und war sich darüber bewusst, dass es in einem gewöhnlichen Traum immer Unterbrechungen und Zusammenhangloses gibt, während der Traum sich bald auflöst und man sich an nichts erinnern kann. Nichts davon aber betraf jenen Traum. Stattdessen kam es Peter so vor, als würde er während des Haltens ihrer Hand ihr ganzes Leben in sich aufsaugen.

Nach seiner Rückkehr nach London hatte sich sein Leben verändert. Der Arbeitstag wurde so unwichtig wie ein Traum. Sein ganzes Wesen war durchdrungen von der Erinnerung an die Herzogin von Towers, die ihn mit einem inneren Glühen in Harmonie mit der ganzen Menschheit und sich selbst brachte. Wenn er abends zu Bett ging, begann sein eigentliches Leben. Und bald stellte er fest, dass keine Freude im Wachzustand genauso intensiv sein konnte wie während des Träumens, weil auch die Wahrnehmungen während des Träumens viel intensiver sind als während des Wachzustandes. Diese Träume waren ein Leben innerhalb des Lebens.

Bald erhielt Peter eine Einladung von einer Lady Cray und traf dort zum dritten Mal die Herzogin von Towers. Peter erkundigte sich bei seinem Tischnachbarn, wer diese wundervolle Herzogin vor ihrer Heirat war und bekam als Antwort: »Sie war eine Miss Seraskier. Sie lebte irgendwo in der Nähe von Paris, wo ihre Mutter an Cholera starb.« Peter Ibbetson wurde ganz schwach und fragte sich, wie es nur möglich sei, dass er die inzwischen zu einer bezaubernden Frau herangewachsene Mimsey nicht wiedererkannt hatte. Er wagte es an jenem Abend nicht mehr, sie auch nur anzusehen.

Als die Herzogin und Peter sich am nächsten Morgen wieder begegneten, erzählte sie ihm, dass er sie an einen kleinen französischen Jungen erinnere, sie aber herausbekommen hatte, dass sein Name Mr. Ibbetson sei. Peter erklärte, dass er ein kleiner französischer Junge war und auf ihre Frage nach seinem früheren Namen nannte er ihn. Sie wurde blass und zitterte fast am ganzen Körper. Dann erzählte er ihr von seinem ersten Traum mit ihr und beiden wurde bewusst, dass sie den Traum tatsächlich miteinander geteilt hatten. Aber Mary wurde unsicher und ängstlich und sagte: »Wir sollten uns jetzt besser trennen. Wir werden uns vielleicht nie mehr sehen und es wäre auch sicher besser so. Ich kann Ihnen gar nicht sagen, was Sie mir bedeuten und immer bedeutet haben. Wir werden oft aneinander denken – das ist unvermeidlich –, aber niemals in einem Traum. Lieber Mr. Ibbetson, ich wünsche Ihnen das Beste, was ein Mensch einem anderen wünschen kann. Aber jetzt verabschiede ich mich. Möge Gott Sie beschützen.« Das Licht verschwand aus Peters Leben, und er war einmal mehr allein – diesmal aber erbärmlicher und miserabler, als wenn er ihr nie begegnet wäre.

Beide hatten einander seit ihrer Kindheit nicht vergessen und waren nun miteinander durch ein wundervolles Band verbunden; eine Erfahrung, die so beispiellos war, dass beide nicht aus den Gedanken des anderen verschwinden konnten, solange das Leben, die Sinne und die Erinnerungen auch bestehen würden. Beide waren sich des anderen Innenlebens mehr bewusst, als zwei Sterbliche es seit Anbeginn der Welt je waren. Doch es kam so, wie sie es vorhergesagt hatte: Beide begegneten sich seitdem nicht mehr im Traum, so sehr sie auch aneinander dachten.

So verging ein ganzes Jahr, bevor es zur großen Katastrophe im Leben des Peter Ibbetson kam. Bei einem Streit mit seinem Onkel brachte Peter diesen um.

Wegen Mordes wurde er zu lebenslänglichem Freiheitsentzug verurteilt. Weil er das Bedürfnis hatte, das ganze Geschehnis der Herzogin von Towers zu erklären, schrieb er einen Brief an sie, über dem er schließlich einschlief. Und damit begann eine weitere Phase in seinem Innenleben. Wieder erschien die Herzogin von Towers in seinem Traum. Während sie seine Hände hielt, konnte sie in die Tiefe seines Herzens blicken und sprach schließlich zu ihm: »Ich konnte nicht verstehen, wie Sie in meinen Traum gekommen sind, weil ich immer wahre Dinge träumte. Aber es ist noch ein Geheimnis, wie sich zwei Menschen in demselben Traum treffen können, so wie wir das tun. Welch eine Verbindung zwischen uns, Mr. Ibbetson.« Um zu beweisen, dass er tatsächlich einen gemeinsamen Traum mit ihr hatte, versprach sie, ihm am nächsten Tag einen Brief in die Zelle zu schicken, den er als Bestätigung auch erhielt.

Von nun an trafen sich die beiden über viele Jahre hinweg fast in jeder Nacht während ihrer gemeinsamen Träume.

Was Peter und Mary gemeinsam erlebten, waren keine Träume; es war die eigentliche Creme und Essenz des

Lebens. Die Realität ihrer Verbundenheit war vollständig und umfassend. Wie Zwillingskerne in einer Schale waren sie enger miteinander verbunden als der Rest der Menschheit (von denen jeder für sich eine getrennte Schale darstellt).

Obwohl Mary und Peter inzwischen alt geworden waren, blieben sie in ihren Träumen immer jung; beide in einem Alter von etwa achtundzwanzig Jahren. In der Realität verflog die Zeit wie für andere Menschen auch, doch sie waren sich dessen weniger bewusst.

Schließlich kam das Unvermeidliche – Mary starb.

Peter wollte sich zu Tode hungern und verweigerte jede Nahrungsaufnahme, weil er durch Marys Tod die Lebenslust verloren hatte. Er wollte auch nicht mehr träumen, doch eines Abends überkam ihn ein seltsamer, nostalgischer Wunsch, noch einmal im Traum die Stätte seiner Kindheit zu besuchen. In diesem Traum war er nicht mehr jung wie früher, sondern so alt wie im wirklichen Leben. Der Spaziergang war traurig und ernüchternd, und seine Schwermut war fast nicht zu ertragen – sein Herz war gebrochen und sein Körper so müde, dass er sich kaum fortbewegen konnte. Nie zuvor war er in einem Traum müde gewesen. Er schleppte sich ans Meer, wo er keinen einzigen Menschen sah, außer einer älteren weiblichen Person, die regungslos auf einer Bank saß. »Oh, mein Gott!« schrie Peter. »Das ist ja Mary Seraskier!«

Schließlich erklärte sie ihm: »Gogo, du kannst dir nicht vorstellen, wie schwer es für mich war, zurückzukommen, wenn auch nur für einige Stunden, denn ich kann nicht lange bleiben. Es ist so, als hänge man mit einer Hand an einem Fensterbrett. Niemand ist jemals können doch nicht zusammenleben! Also muss ich wohl sterben, um mit ihr zusammen zu sein? Den Tod fürchte ich jetzt gar nicht. Er kann mich doch nicht vernichten! Im Gegenteil, nur *so* und *dort* werde ich glücklich sein, wie ich im Leben niemals glücklich war und wie sie es auch niemals war.«

In den letzten Tagen vor seinem Tod spricht er oft von einer vollzogenen Ehe. Das Gesicht des Sterbenden erstrahlt in einem seligen Lächeln.

Der Fall Reisinger

In seinem Buch *Wiedergeburt* berichtet Rudolf Passian von dem schicksalhaften Erlebnis, das ein Mann namens Leopold Reisinger im Zusammenhang mit einer Wundnarbe im Wien des Jahres 1915 hatte. Im Gegensatz zu den beiden vorangegangenen Geschichten, die eine Liebesbeziehung über den leiblichen Tod hinaus darstellen, wird hier die Liebe aus einer vergangenen Inkarnation in der gegenwärtigen wieder bewusst und neu entdeckt. Auch hier kann man sich des Eindrucks nicht erwehren, dass es sich bei den beiden Liebenden um Dualseelen handelt.

In einer Reihe von Träumen erblickte Reisinger das Antlitz eines blonden Mädchens. Eigenartigerweise war es aber nicht in erster Linie dessen Anmut, die ihn beeindruckte, sondern ein mit dieser Traumerscheinung verbundenes unsägliches Heimwehgefühl nach einer längst versunkenen Vergangenheit.

Eines Tages begegnete er ihr leibhaftig, und beide

empfanden sofort das Gefühl des »Wiedererkennens«. Sie ließ ihn wissen, dass sie ebenfalls von ihm geträumt hatte und beiden traten Tränen der Rührung in die Augen.

Der Freund im »Samadhi«

Dieser von dem amerikanischen Ehepaar Joyce und Barry Vissell in dem Buch *Der gemeinsame Weg* geschilderte Fall liefert insofern eine Parallele zu dem vorgenannten, als der Mann eine *Vision* von seiner zukünftigen Frau hat, der er zuvor – in der gegenwärtigen Inkarnation – noch nicht begegnet ist. In beiden Fällen sind sich die Partner in scheinbar zufälligen Situationen auch begegnet und wurden, wie nicht anders zu erwarten war, zu einem Liebespaar. Diese Fälle von einer *meditativen Vision* (wie in diesem Fall beschrieben) bzw. einem visionären *Traum* (wie wir ihn im vorangegangenen Fall kennen gelernt haben) kündigten ein Ereignis an, *für das die Zeit nun reif war* und das beiden Partnern sicher schon vor dieser Inkarnation bekannt war: nämlich die Erkenntnis, dass sie *füreinander bestimmt* sind. Diese *Bestimmung füreinander* kann sich sowohl auf die Dualseelen beziehen, die für Ewigkeit zusammengehören, wie das ganz offensichtlich auf den »Fall Reisinger« zutrifft, als auch für eine Liebesbeziehung, die »nur« für die gegenwärtige Inkarnation vorherbestimmt ist. Zu welcher Kategorie der hier geschilderte Fall zu zählen ist, bleibt wohl ungeklärt.

Während seiner Meditationen und Visionen erschien zuweilen vor seinem inneren Auge das Gesicht einer jungen Frau. Es war immer das gleiche Gesicht und er konnte sich nicht erinnern, diese Person jemals getroffen zu haben. Eines Abends nahm er an einer Vorlesung teil und setzte sich in die vorderste Reihe, in der noch zwei freie Plätze waren. Er setzte sich auf einen Stuhl und schloss die Augen, um bis zum Beginn der Vorlesung noch etwas zu meditieren. Als er die Augen wieder öffnete, saß sie plötzlich neben ihm – seine Traumfrau!

Treue über den Tod hinaus

In den ersten beiden Geschichten haben wir Liebesbeziehungen behandelt, die nach dem Tod des einen Partners – in beiden Fällen der Frau – ihre Fortsetzung finden. In der dritten Geschichte – nach Tatsachen – handelt es sich um die Fortsetzung bzw. Neuaufnahme einer Liebesbeziehung aus einer vergangenen Inkarnation. In der hier behandelten indischen Geschichte, die in dem Buch *Die sieben Gärten der Liebe* veröffentlicht wurde, findet die Liebe der Frau aus der vorangegangenen Inkarnation ihre Fortsetzung in ihrer nächsten Inkarnation. Der in der Zwischenzeit nicht verstorbene Ehegatte lernte seine Frau also zweimal während seines irdischen Daseins (in einer Inkarnation) kennen.

Saraswati war immer besorgt um ihren Mann Bhanudatta, wenn dieser nicht zu Hause war. Wenn Bhanudatta nicht rechtzeitig zurückkam, wurde die Frau von Unruhe so gepeinigt, dass ihr war, als ob sie sterben müsse. So groß war die Liebe zu ihrem Mann. Die Kunde davon verbreitete sich in der ganzen Stadt und auch der König vernahm davon.

Deshalb schmiedete der König einen Plan, um die treue Gattin auf die Probe zu stellen. Er ließ den Minister, unter dem Vorwand, dass noch dringende Staatsgeschäfte zu beraten seien, nicht zur vereinbarten Zeit gehen, sondern hielt ihn immer länger auf und befahl ihm schließlich, seine Kleider auszuziehen, die der König mit Ziegenblut bestreichen ließ und sie mit einer Dienerin zu Saraswati schickte und ihr übermitteln ließ, dass der König den Kanzler hatte hinrichten lassen. Als Saraswati diese Nachricht vernahm, starb sie.

Der König wollte den Kanzler mit einem Mädchen aus großem Hause vermählen, doch der Kanzler empfand nur Liebe zu seiner verstorbenen Ehefrau und entgegnete: »In diesem Dasein sind für mich alle Frauen außer jener nur Mütter und Schwestern.« Er ließ all seinen Besitz im Stich und zog in die Ferne, an den Ganges, wo er sich eine Hütte bauen ließ.

Nachdem Saraswati gestorben war, wurde sie als Tochter des Königs Kanakaketus von neuem geboren, der dort herrschte, wo sich der Kanzler Bhanudatta niedergelassen hatte. Als die Königin nach neun Monaten niederkam, wurde ihr eine Tochter geboren, die den Namen Schrimati erhielt.

Diese Schrimati pflegte mit ihren Freundinnen zum Vergnügen in einem Boot auf der Ganga zu fahren. Eines Tages erblickte sie bei einer dieser Fahrten Bhanudatta und fiel sogleich in Ohnmacht, denn in ihr war die Erinnerung an ihre vorangegangene Inkarnation wieder erwacht.

Als sie zu sich kam, eilte sie sofort nach Hause und bat ihre Eltern darum, sie zu vermählen. Diese wurden aber sehr böse mit ihr, als sie ihnen erzählte, dass sie keinen mir bei, lieber Bruder, nein, nein, es soll nicht sein!« Sie erhob die rechte Hand aus dem Wasser, und schon war von ihr nichts mehr zu sehen. Der Fluss begann anzuschwellen. Ein trübes Licht ergoss sich, der Himmel verlor seine Farbe. Der jüngste Prinz rief verzweifelt: »Warte, warte, Kalawati, ich folge dir nach!«

Das Wasser rauschte schwer und dumpf auf. Dann wurde in Sekundenschnelle alles ruhig. Der Fluss strömte dahin wie eh und je. Nur er kann die Frage beantworten, wo diese zerrissenen Zwillingsblumen ihren Hafen gefunden haben.

Das Gleichnis von den Erdnüssen

Wie der ursprüngliche Mensch in seinem Vollbestand Mann und Frau in einem Wesen vereinte und demgemäß aus zwei Hälften bestand, so besteht auch jede Erdnuss aus zwei Hälften. Nehmen wir an, wir haben ein Päckchen in der Hand, in dem sich nur ganze, also ungeteilte Erdnüsse befinden. Nehmen wir weiter an, dass wir alle darin befindlichen Erdnüsse in ihre zwei Hälften teilen und danach kräftig durcheinander mischen. Wenn wir nun versuchen, für jede Hälfte ein passendes Gegenstück zu finden, um alle Hälften wieder zu jeweils einem Ganzen zusammenzufügen, werden wir feststellen, wie schwierig sich diese Aufgabe darstellt, weil die meisten willkürlich aneinander gefügten Hälften nicht auf Anhieb zusammenpassen. So wie bei den Erdnüssen ist es auch bei den Menschen: Wenn ein Mann eine Frau sucht, so wird er feststellen, dass er nur mit wenigen wirklich harmoniert. Aber er mag doch einige finden, die zu ihm passen. Doch letztendlich ist es bei der Partnerschaft wie bei der Erdnuss: Man kann zwar je zwei zueinander passende Hälften zusammenfügen, doch ursprünglich gibt es nur eine wirklich andere Hälfte; nämlich jene, von der die ursprüngliche Abspaltung erfolgt ist.

Die Frage, ob man das ursprüngliche Du gefunden hat, dürfte nur schwer bis gar nicht zu beantworten sein, wenn ein passendes Gegenüber gefunden wurde. Doch bei vielen vorherbestimmten Partnerschaften liegen entsprechende karmische Gründe vor, die eine Verbindung von zwei Dualseelen in der gegenwärtigen Inkarnation – zumindest als Liebespaar – ausschließen. Die Hauptsache ist, dass eine schicksalhafte und glückliche Verbindung zustande kommt. Leider machen viele Menschen den Fehler, eine dauerhafte Partnerschaft einzugehen, in der man wenig bis gar nicht miteinander harmoniert. Das ist dasselbe, als wolle man zwei unterschiedlich geformte bzw. unterschiedlich große Erdnusshälften zu einer ganzen Erdnuss zusammenfügen. Dies kann man natürlich nicht machen. Bei den Menschen sind dies in der Regel die unglücklichen und häufig nicht allzu lange währenden Partnerschaften.

Das Gleichnis von den Münzen

Nehmen wir einmal an, wir würden eine Menge verschiedener Münzen auf die Weise auseinander sägen, dass wir die Vorder- und Rückseiten voneinander trennen. Je seltener eine Münze ist, desto geringer ist die Chance, zwei zueinander passende Hälften zu finden. Das ist der Sinn der von Ramala geäußerten Worte: »Es gibt, je niedriger der Bewusstseinszustand eines Menschen ist, eine desto größere Anzahl von Seelen, aus denen man den Ehepartner auswählen kann; je weiter man dagegen auf der Leiter der Evolution emporgestiegen ist, desto geringer werden die Wahlmöglichkeiten.«[1] Denn der Bewusstseinszustand der unterschiedlichen Menschen gleicht tatsächlich dem Aufbau einer Pyramide. Die Pyramide ist ganz unten am breitesten und wird weiter oben immer schmaler. Auch bei den Menschen stellen die Unwissenden die breite Masse dar, während es andererseits nur sehr wenig Erkennende gibt. Dazwischen befinden sich, je nach dem Stand ihrer jeweiligen Entwicklung, die anderen Menschen. Verglichen mit der Pyramide lässt sich auch hierzu feststellen: je weiter oben desto entwickelter, aber auch desto geringer an Zahl.

In unserem Beispiel wollen wir einfach einmal annehmen, Gott habe aus sich heraus eine Anzahl von nur eintausend Seelenpaaren entlassen, und stellen wir uns diese als bereits gefertigte Münzen vor. Da alle Münzen – mit Ausnahme der Edelmetallmünzen – aus Metall hergestellt werden, können wir sogar den gemeinsamen Ursprung aller aus Metall – welches in unserem Beispiel als die göttliche Substanz vorzustellen ist – hergestellten Münzen ableiten. Nun wurden aber verschiedene Münzen geformt. In unserem Beispiel gehen wir von den acht verschiedenen deutschen Münzen sowie vier weiteren ausländischen Münzen aus. Wir unterstellen in diesem Beispiel, dass folgende Münzen *geschaffen* wurden: 150 Ein-Pfennig-Stücke, 140 Zwei-Pfennig-Stücke, 120

Fünf-Pfennig-Stücke, 110 Zehn-Pfennig-Stücke, 100 Fünfzig-Pfennig-Stücke, 90 Eine-Mark-Stücke, 80 Zwei-Mark-Stücke, 70 Fünf-Mark-Stücke, 60 Ein-Schweizer-Franken-Stücke, 55 Viertel-Dollar-Stücke, 24 Cruzado-Stücke und ein Zehn-Rubel-Stück.

Wir wissen, dass man nur gleichartige Vorder- und Rückseiten aneinander fügen kann und finden daher zur Vorderseite einer Ein-Pfennig-Münze 150 passende Rückseiten, zum Fünf-Mark-Stück nur 70 Rückseiten und zur Zehn-Rubel-Münze dagegen nur eine einzige Rückseite. Genauso verhält es sich bei den Menschen: Für den einen kommen viele Partner in Betracht, für den anderen weniger und für manch einen gibt es überhaupt nur einen passenden Partner. An dieser Stelle sei nochmals auf den Bewusstseinszustand der verschiedenen Menschen hingewiesen. Doch auch in diesem Beispiel gilt: Es gibt nur die eine echte Hälfte, die von der anderen abgespalten wurde.

Manchmal fühlen sich zwei nicht zusammenpassende Menschen kurzzeitig zueinander hingezogen, doch schon bald kommt es zum Eklat. Der Fehler liegt in unserem Münzbeispiel z. B. daran, dass die Hälfte einer Ein-Pfennig-Münze sich von einer anscheinend höherwertigen Hälfte einer anderen Münze, z. B. jener eines Fünf-Mark-Stücks, hingezogen fühlt und sich unbedingt mit dieser liieren will. Umgekehrt kann sich die Hälfte einer Fünf-Mark-Münze zu einer Ein-Pfennig-Hälfte hingezogen fühlen, weil sie auch in der Partnerschaft das Gefühl braucht, mehr zu sein als der Partner. Es liegt aber auf der Hand, dass solche Beziehungen weder vorherbestimmt sind noch dauerhafte Zufriedenheit bescheren können.

Anhand derartiger Beispiele ließe sich dieses Gleichnis noch beliebig ausdehnen. Weil diese sich aber auf allgemeine Partnerschaftsprobleme beziehen und an unserer Abhandlung über die Dualseelen vorbeigehen, wird davon abgesehen.

7.

Die Verschmelzung der Dualseelen

Ausgehend von dem schon von Origenes gelehrten Grundsatz, dass der Anfang dem Ende ähnlich ist, können wir feststellen, dass die Dualseelen, die einstmals ein Geistwesen gebildet haben, dies auch in der Zukunft einmal wieder bilden werden. Sie *verschmelzen* wahrhaft zu dem einen Wesen, das sie einstmals waren. Dieser Sachverhalt wird in diesem Kapitel erläutert. Das nächste Kapitel beschreibt dann die *große Verschmelzung,* das Nirvana, in dem nicht nur die Dualseelen eins miteinander werden, sondern alle Wesen. Wir haben einen Teil dieser beiden Kapitel bereits im fünften Kapitel – und die Kombination dieser beiden in der dritten Hypothese des fünften Kapitels – behandelt. Die Beschreibungen über das Nirvana bilden das nächste und zugleich abschließende Kapitel der vorliegenden Ausarbeitung. Wichtig erscheint mir hier nochmals der bereits an anderer Stelle erfolgte Hinweis, dass mit der Verschmelzung zweier oder mehrerer Wesen zu einem die Individualität keinesfalls verloren geht.

Die Verschmelzung zweier Wesen zu einem einzigen – im esoterischen Sinne die Wiedervereinigung zweier von Anbeginn zusammengehörender Individuen, die in ihrer ursprünglichen Vollkommenheit ein Wesen waren und in Zukunft wieder bilden werden, da sie nur für die Zeit ihrer grobstofflichen Verkörperungen in getrennten, männlichen und weiblichen, Körpern inkarnieren – werden personifiziert dargestellt durch den griechischen Hermaphroditos (zum Zwitter gewordener Sohn der griechischen Gottheiten Hermes und Aphrodite) und den indischen Ardhanarishvara (zu Deutsch: »Der Mann, der zur Hälfte Frau ist«).

»Hermaphroditos war sehr schön, und als er als Jüngling die Heimat verließ und sich nach Halikarnassos in Karien wandte, verliebte sich die Naiade Salmakis leidenschaftlich in ihn. Er stieß sie zurück; doch als er später einmal versehentlich in ihrer Quelle badete, umarmte sie ihn, zog ihn mit sich auf den Grund und betete zu den Göttern, dass er und sie für immer vereint blieben. Ihre Körper verschmolzen und wurden zu einem Hermaphroditen mit weiblichen Brüsten und Maßen, aber mit männlichen Genitalien. Die Eltern des Hermaphroditos erhörten sein Gebet, dass die Quelle auf alle Menschen, die in ihr badeten, die gleiche Wirkung haben möge.«[1]

Als Ardhanarishvara ist die Hindu-Gottheit Shiva der Herr, der halb Frau ist. In dieser Darstellung hat er eine mann-weibliche Form.[2]

Die Entstehung des Ardhanarishvara wird in einem Mythos derart dargestellt, dass »Shiva seine Gattin voller Freude so eng an seine Brust presste, bis sie als Ardhanarishvara zu einem Körper verschmolzen«.[3]

»In einer anderen Version über die Entstehung des androgynen Shiva wird berichtet, dass er sich mit seiner Gemahlin Parvati zu einer Gestalt vereinigte, damit auch ihr die gleiche Verehrung wie ihm zuteil werde … Die beiden Seiten der Ardhanarishvara-Skulptur weisen in allen Details die entsprechenden geschlechtlichen Merkmale auf und doch fließen beide harmonisch ineinander über.«[4]

Ardhanarishvara ist aber nicht die einzige androgyne Gestalt, die der Hinduismus infolge Verschmelzung zweier Wesen kennt. So gehen Shivaismus und Vishnuismus eine Verbindung in der Form miteinander ein, dass »Shiva den Reizen der weiblichen Form Vishnus als Mohini erliegt und daraus eine Kombinationsform der beiden Hochgötter als Hari-Hara entsteht.«[5]

»Analog zu den häufigen Skulpturen von Shiva mit seiner Shakti Parvati soll die Darstellung Vishnus mit seiner Gemahlin Lakshmi die Vereinigung des männlichen und des weiblichen Prinzips versinnbildlichen. Seltener sind Skulpturen, in denen Vishnu und Lakshmi zu einer Gestalt werden.«[6]

In Ergänzung der o.a. indischen Legenden zitiert Wolfgang Schultz die folgende Passage aus dem so genannten Ägypter-Evangelium: »Salome richtet an Jesum die Frage: ›Wann wird die Kraft des Todes erlöschen?‹ Und der Herr antwortete: ›Erst wenn die Weiber nicht mehr gebären.‹ Und Salome entgegnete: ›Also tat ich wohl daran, dass ich nicht gebar?‹ Der Herr jedoch entgegnete ihr und sprach: ›Jegliches Kraut verzehre, aber das der Bitternis (den Tod) sollst du nicht verzehren.‹ Und als ihn Salome fragte, wann kenntlich werden würde, was er gesagt hatte, sprach der Herr: ›Wenn ihr die Hülle der Scham mit Füßen tretet, wenn zwei zu eins wird, das Männliche mit dem Weiblichen, weder männlich noch weiblich.‹«[7]

Hans Christian Branner (1903–1966), einer der bedeutendsten Dichter im Nachkriegsdänemark, lässt in seiner Novelle *Der Dichter und das Mädchen* die junge Frau dem Mann zuflüstern: »Ich liebe dich. Ich bin dein, hörst du. Du darfst daran nur nicht zweifeln, dann kannst du verlangen, was du willst. Verlange alles von mir, Geliebter, mach mich glücklich. Soll ich mich selbst auslöschen und du werden? Soll ich ganz in dich hineinkriechen und mit deinen Augen sehen und mit deinem Mund sprechen?« Hier wird die höchste Form der Liebe beschrieben, die in dem Wunsche gipfelt, mit dem Geliebten zu verschmelzen und ein Wesen zu bilden.

Diese Passage erinnert an Platons *Gastmahl,* in dem er dem Aristophanes die folgende hypothetische Frage des Gottes in den Mund legt: »Wollt ihr ein Wesen sein und Tag und Nacht voneinander nicht lassen können? Wenn das euer Wunsch ist, so will ich euch zusammenschweißen, und ihr werdet ineinander wachsen, aus zwei Dingen eines werden und euer ganzes Leben als ein einziges Wesen leben und nach dem Tode in den Hades treten wie zwei, die zusammen gestorben sind?« – »Oh, niemand möchte da widersprechen und etwas anderes wollen«, heißt es in derselben Erzählung weiter. »Gleich Kindern würden alle zu hören glauben, was seit je ihr Sehnen war: mit dem Geliebten verwachsen und *ein* Wesen bilden.« Wie wir hier sehen, war die Verschmelzung zweier Wesen zu einem auch Platon nicht fremd und galt auch bei ihm als erstrebenswertes Ziel, um wieder dauerhaft glücklich zu sein.

Auch im *Sphärenwanderer* werden wir über die Verschmelzung zweier sich liebender Wesen informiert: »Zwei Wesen, die sich zutiefst lieben und verehren, können buchstäblich ineinander übergehen. Schon auf der Erdenwelt erlebt sich oft der eine Mensch im anderen, aber im Sinne der Empfindung, des Gefühls und der Gedankenannäherung … Wie viel eindrucksvoller ist nun solches Seelengeschehen ohne den hemmenden irdischen Körper. Durchaus bekannt ist, dass in den lichten Geistwelten die Vereinigung zwischen Mann und Frau eine wirkliche Vereinigung der Körper ist und dass vorübergehend – nicht nur sinngemäß, sondern tatsächlich – zwei Liebende als ein Körper in Erscheinung treten können.«[8]

Hierzu möchte ich anmerken, dass die tiefste Erfahrung zwischen Liebenden auf Erden der Geschlechtsverkehr und überhaupt jegliche Zärtlichkeit darstellt, und es sei hier die Tatsache außer Acht gelassen, dass der Geschlechtsverkehr oft missbraucht wird, weil er wahllos mit verschiedenen Partnern ausgeübt wird, um unser Ego und unsere Lust zu befriedigen. Aber auch der in reiner Liebe vollzogene Geschlechtsakt ist zeitlich stark begrenzt und das Glücksgefühl stellt sich nur für einen kurzen Augenblick während des Höhepunktes ein. Doch die von Liebenden gewünschte Verschmelzung der Art, dass sie am liebsten ineinander kriechen und zu einem Wesen verschmelzen würden, wird weder durch die Sexualität noch durch zärtliche Liebkosungen erreicht. Sie bleiben körperlich zwei voneinander getrennte Wesen, eingesperrt in zwei unterschiedlichen Körpern.

Ich möchte hier die bereits mehrfach angedeutete und teilweise vorweggenommene Hypothese aufstellen, dass in der Astralwelt die Verschmelzung zweier Wesen zu einem das höchste Glücksgefühl darstellt und die Freude des Geschlechtsaktes bei weitem übertrifft. Demnach ist der Geschlechtsakt nur der Schatten der Verschmelzung zweier Astralkörper miteinander. Die Verschmelzung ist zeitlich dauerhafter, zumal in dieser Region überhaupt keine Zeit existiert. Auf die gleiche Weise, wie die zwei eins werden können, so können sie auch wieder zwei werden; und auch während sie eins sind, sind sie doch zwei. Umgekehrt sind sie aber auch getrennt voneinander eins miteinander. Die Astralkörper sind ja ganz anders beschaffen, sodass das auf dieser Ebene möglich ist. Denn nachdem sie einander so fest umschlungen haben und ineinander aufgegangen sind, ohne zu wissen, was innen und was außen ist, und auf diese Weise zu einem Wesen verschmolzen sind, können sie anschließend auch wieder auseinander hervorgehen und zwei werden. So stellen sie die Welt der Gegenüberwesen dar, »weil es nicht gut ist, dass der Mensch allein sei« (vgl. Gen. 2,18). Obgleich die liebenden Dualseelen männlich und weiblich sind, sind sie es andererseits aber auch wieder nicht, denn da es in dieser Region keine Fortpflanzung gibt, bedarf es auch nicht der unterschiedlichen Geschlechter (erinnern wir uns daran, dass das erste Menschenpaar einigen Überlieferungen zufolge noch keine Geschlechtsmerkmale und -unterschiede hatte). Die Seele ist streng genommen geschlechtslos (»transzendent zu allen weltlichen Erscheinungen« wie uns die Veden wissen lassen) und die Geschlechter beruhen, wie letztendlich jede Erscheinung, auf einer Illusion.

Wenn man dieser These folgt, dass die Sexualität der Schatten der Astralkörperverschmelzung ist, leuchtet es ein, dass der Geschlechtsverkehr nur zwischen Liebenden stattfinden sollte, die sich auch nach einer dauerhaften Verschmelzung ihrer voneinander getrennten Individuen sehnen und gerne für immer ein Wesen bilden würden.

Ein in solcher Motivation vollzogener Geschlechtsakt ist die irdische Manifestation dessen, was in der Astralebene zwischen den Individuen möglich ist, die sich dauerhaft vereinigen wollen.

Beim Geschlechtsverkehr sollte man bedenken, dass man – selbst beim so genannten One-night-stand – auf jeden Fall eine Art Intimverbindung zu seinem Geschlechtspartner herstellt, die das eigene Wesen nicht unberührt lässt. Deshalb heißt es in 1. Kor. 6,16: »Wer sich an die Hure hängt, der ist ein Fleisch mit ihr.«

»Ein Fleisch« mit jemandem zu sein, ist viel mehr, als die kurze Verbindung im Geschlechtsakt mit einem nur vorübergehend oder gar nur einmal »benutzten« Partner vermuten lässt: Man vereint sich mit einem anderen Wesen nicht nur sexuell, sondern in einem viel tieferen Sinne auch astralkörperlich – was Menschen, die gerne One-night-stand-Erlebnisse haben, mit Sicherheit nicht bekannt ist – und baut daher mit jedem Geschlechtspartner eine Art unsichtbares Band auf. Da man aber urzeitlich, als man noch reinen Geistes war und in der göttlichen Substanz verweilte (was wir mit *Nirvana*, *Paradies* oder dergleichen Ausdrücken umschreiben können), nur einen einzigen Intimpartner hatte – nämlich die Dualseele, mit der man astralkörperlich ein Wesen bildete –, sollte man dieses Urprinzip auch in jeder Inkarnation zu verwirklichen suchen. Deshalb *empfehlen* die meisten Religionen die Einehe (das Abbild der Dualseelenliebe) und sehen gleichzeitig den Ehebruch als eine der größten Sünden überhaupt an.

Hierzu ist anzumerken, dass die Dualseelen-Lehre die irdische Partnerschaft zwischen Mann und Frau (das Abbild der Dualseelen-Einheit) nicht entwertet, sondern – ganz im Gegenteil – dazu auffordert, im alltäglichen Begegnungsverhalten den irdischen Lebenspartner mit der

Dualseele gleichzusetzen. Das bestätigt auch Bo Yin Ra: »Was immer du deinem männlichen oder weiblichen Gegenpol hier in der ehelichen Gemeinsamkeit dieses Erdenlebens tun wirst, hast du dir selbst, hast du auf alle Fälle deinem geistigen eigenen Gegenpol erwiesen, magst du ihn wirklich hier auf der Erde nun gefunden haben oder nicht!«[9]

8.

Rückkehr ins Nirvana

Dieses Kapitel über den *Endzustand* – der zugleich auch der *Anfangszustand* aller Wesen war, bevor sie durch eigenes Fehlverhalten von ihm abfielen – kann im Rahmen der vorliegenden Ausarbeitung, die sich mit dem Wesen der Dualseelen befasst, nur kurz umrissen werden, da die Thematik zu weit über unser Thema hinausreicht. Es sollte andererseits nicht ganz auf einen diesbezüglichen Hinweis verzichtet werden, um beim Leser nicht den Eindruck entstehen zu lassen, dass die im letzten Kapitel behandelte Verschmelzung mit der Dualseele das letzte und höchste Ziel der Seele sei.

Wie bereits in der dritten Hypothese des fünften Kapitels erörtert wurde, ist die Verschmelzung mit der Dualseele nur eine Art Vorstufe zur so genannten *Unio Mystica,* der Verschmelzung der (mit der Dualseele vereinten) Seele mit Gott beziehungsweise (um es besser auszudrücken und Gott nicht allzu abstrakt oder gar als »Person« zu sehen) mit der *einen* Substanz des Lebens, aus der wir alle unseren Ursprung haben.

Genauso wie die Dualseele nicht außen gesucht werden muss (was seitens der Vertreter des evolutiven Prinzips auf die Weise verstanden wird, dass sie äußerlich auch nicht existiert, sondern ausschließlich im eigenen Inneren, sozusagen als zweites Ich oder als das göttliche Selbst, das im Kern eines jeden Wesens existiert, mit dem man sich wieder zu vereinigen hat), sondern im eigenen

Inneren, so muss auch die Wiedervereinigung mit der Substanz des Lebens, von der wir alle nur ein winzig kleiner Teil sind, nicht außen gesucht werden, sondern im eigenen Inneren. Nirvana erscheint nicht irgendwann äußerlich, wie auch Jesus bestätigt: »Das Reich Gottes kommt nicht so, dass man es beobachten kann; man wird auch nicht sagen: Siehe, hier ist es! oder: Da ist es! Denn sehet, das Reich Gottes ist inwendig in euch.« (Lukas 17,20f.) Nirvana ist im eigenen Inneren zu suchen und kann nur durch innerliche Sehnsucht entdeckt werden, wie Jesus ebenfalls bestätigt: »Trachtet zuerst nach dem Reich Gottes und nach seiner Gerechtigkeit, so wird euch das alles zufallen.« (Matth. 6,33) In gleichem Sinn lehrt uns die Mundaka-Upanishad: »Wer, wunschlos im Herzen und nichts begehrend, das Selbst erkennt, dem wird Erlösung zuteil schon in diesem Leben. Nicht durch Studium der heiligen Schriften, durch Scharfsinn nicht und nicht durch Schriftgelehrtheit ist das Selbst erreichbar. Nur wer sich nach ihm sehnt, kann es erlangen; ihm wird sein wahres Wesen es enthüllen.«[1]

Deshalb erfährt der Erleuchtete Nirvana schon während seines Erdendaseins. Er hat sich innerlich im Nirvana wieder gefunden, doch die äußere Vereinigung erfolgt erst im Augenblick des irdischen Todes, beim Ablegen des (grobstofflichen) Körpers. In Vers 8,5 der Bhagavad-Gita erklärt Krishna: »Jeder, der sich am Ende seines Lebens, wenn er seinen Körper verlässt, an Mich allein erinnert, erreicht sogleich Meine Natur. Darüber besteht kein Zweifel.« Während seiner (letzten) irdischen Inkarnation ist der Erleuchtete noch in einem physischen Körper eingesperrt, der ihn bis zum Augenblick des Todes noch von der äußeren Vereinigung mit Nirvana abhält, denn der (physische) Körper ist ein Kerker für die Seele. Ein altes mystisches Wortspiel bestätigt dies: soma-sema, d. h. »der Leib – das Grab« (der Seele). Erst nach dem »letzten Tod« vereinigt sich der Erleuchtete auch äußerlich und dauerhaft mit Nirvana. Er verschmilzt mit dem *einen* Leben, aus dem er einst hervorgegangen ist. Dieser Sachverhalt wird unter anderem von der Prasna-Upanishad bestätigt: »Aus dem Selbst entstanden, vergehen sie in ihm, ihrem Bestimmungsort, indem sie Namen und Form verlieren, sodass nur noch vom Selbst die Rede ist. Wer das erkennt, erlangt Unsterblichkeit.«[2]

Das erlöste Wesen hört dadurch aber nicht auf zu sein, sondern es verbindet seine bisher getrennte Individualität mit der *einen* Substanz des Lebens; also mit allen anderen erlösten »Individuen«, die sich in dieser *einen* Substanz des Lebens befinden.

Die Beschreitung des inneren Weges ist immer der erste Schritt, um anschließend auch äußerlich (im zweiten Schritt) das entsprechende Resultat zu erzielen. Die äußere Vereinigung mit Nirvana meint den nachtodlichen Eintritt des bereits innerlich erlösten Wesens, das sich im Selbst wieder gefunden hat, in eine neue Welt; die *eine* Welt, aus der wir alle einst hervorgegangen sind und in die wir früher oder später auch wieder zurückkehren werden.

Für den Erlösten sind jegliche Dualitäten überwunden. Für ihn gibt es kein *innen* und *außen* mehr, denn er vereinigt *in sich* innen und außen. Um nicht missverstanden zu werden, bedarf dies einer kurzen Erläuterung: Die Vereinigung mit dem Äußeren bedeutet keinesfalls die Vereinigung mit dem »Welttreiben« und auch nicht die Vereinigung mit den äußeren Erscheinungsformen, sondern die Vereinigung mit dem göttlichen Selbst, das verborgen hinter jeder Erscheinungsform ruht. Es befindet sich sowohl im eigenen Wesenskern (innen) als auch im Kern jedes anderen Wesens (und somit auch außerhalb von uns). Der Erlöste hat die Substanz des Lebens in sich wieder gefunden und somit bewusst in sich aufgenommen (innerliche Vereinigung) und sich gleichzeitig in die Substanz des Lebens *hineingemischt* (äußerliche Vereinigung). Dann existiert die Dualität von innen und außen nicht mehr, was aber nicht heißt, dass nur noch das Innere existiert, nicht aber hinfort das Äußere, sondern der Erleuchtete hat beide Aspekte harmonisch in sich vereint, sodass sie nicht mehr voneinander verschieden sind. Ebenso verhält es sich auch, wenn Mann und Frau in der liebevollen Umarmung nicht mehr als zwei erscheinen, sondern als eins; ein Zustand, der uns wieder an die Verschmelzung der Dualseelen erinnert.

Eine ähnlich lautende Formulierung finden wir in der Brihadāranyaka-Upanishad: »Wahrlich, das wahre Wesen des Selbst ist frei von Begierde, frei von Bösem, frei von Furcht. Wie ein Mann in der liebenden Umarmung seiner Gattin nicht weiß, was innen ist und außen, so weiß ein Mensch, der eins mit dem Selbst geworden ist, nicht, was innen ist und außen; denn in dieser Vereinigung haben sich alle seine Wünsche erfüllt. Einzig nach dem Selbst geht sein Verlangen. Er ist frei von Begierde, er kennt keinen Kummer. ... Die Kümmernisse des Herzens verwandeln sich in Freude.«[3]

Wäre hingegen nur die innerliche Vereinigung erstrebenswert, nicht aber gleichzeitig auch die äußerliche, so wäre man doch gänzlich allein in der Welt und alle anderen Wesen wären nur eine Illusion. Tatsächlich aber ist jedes Wesen einmalig und unersetzbar, wie im weiteren Textverlauf noch erörtert wird. Um es noch einmal zu wiederholen: Nicht die Vernachlässigung des Äußeren ist das Ziel, sondern der harmonische Zusammenfluss von innen und außen, um so die Dualitäten der Welt zu überwinden.

Warum aber in den Geheimlehren immer die Notwendigkeit der inneren Schau betont wird, liegt daran, dass wahres Glück nur erfahren kann, wer die Aufmerksamkeit auf das Innere lenkt. So heißt es in den Veden: »Welch Glück der Seele wird, das sagen keine Worte; im eigenen Inneren muss man es selbst erfahren.« In der äußeren Scheinwelt kann dauerhaftes Glück nicht gefunden werden, sondern nur zeitweise und vorübergehend. Die in der Außenwelt empfundenen Freuden, die ihre Grundlage nicht im Inneren haben, sind schnell vergänglich, weil sie auch von äußeren Erscheinungen abhängig sind. Nur derjenige, welcher das innerliche Glück gefunden hat, bleibt in sich selbst zufrieden, wenn sich die Außenwelt scheinbar gegen ihn richtet. Der Vollendete erträgt mit Gleichmut, was immer ihm von außen widerfährt.

Wenn man die Erkenntnis erlangt und Gott im eigenen Inneren gefunden hat, dann ist man eins mit Gott. Eins mit Gott zu werden heißt also nicht, in ihm zu verschwinden und nicht mehr zu existieren (ein Vorgang, der von der jüdisch-hebräischen *Deweikut* bestätigt wird, die kein Verschwinden des Menschen in Gott lehrt, sondern ein Anhalten des Menschen vor Gott, ein Anhalten, das durch die sehr große Nähe hervorgerufen wird), sondern seine Gedanken und Handlungen in den Dienst Gottes zu stellen. Das bedeutet, dass das Individuum zwar bestehen bleibt, jedoch frei ist von Egoismus, Stolz, Begierde, Hass und Verblendung. Es handelt im Sinne Gottes. Das bedeutet, dass Motivation und Handeln der Persönlichkeit eins mit Gott wird.

Über das Einssein aller Wesen belehrt Jesus uns im Johannes-Evangelium (10,14–16):

»Ich bin der gute Hirte und kenne die Meinen, und die Meinen kennen mich, wie mich mein Vater kennt, und ich kenne den Vater. Und ich lasse mein Leben für die Schafe. Und ich habe noch andere Schafe, die sind nicht aus diesem Stall; auch sie muss ich herführen, und sie werden meine Stimme hören, und es wird *eine* Herde und *ein* Hirte werden.«

In Ergänzung der Worte *Es wird eine Herde und ein Hirt werden,* lesen wir in der Apostelgeschichte 4,32: »Die Menge der Gläubigen aber war ein Herz und eine Seele.« Und Paulus schrieb in seinen Briefen: »Seid eines Sinnes untereinander« (Römer 12,16) und: »Haltet aneinander fest in einem Sinn und in einer Meinung.« (1. Kor. 1,10) Hier ist also nicht davon die Rede, dass die Individualität ausgelöscht wird, sondern es ist vielmehr so, dass es zwar nur einen Leib gibt, dieser aber eine Menge Glieder hat, wie Paulus uns wissen lässt. (vgl. hierzu 1. Kor. 12,12ff.)

In gleichem Sinne lehrt uns eine buddhistische Überlieferung, der zufolge der ehrwürdige Anuruddha zu Buddha spricht: »Getrennt, Herr, sind unsere Leiber, unser Sinn aber, kann ich sagen, ist eins.«[4]

Diese Regel beschreibt Thorwald Dethlefsen in den Worten: »Totale Freiheit erwächst nur dem, der sich in die Ordnung dieses Kosmos einfügt, sodass er selbst mit dem Gesetz verschmilzt.«[5]

Nach Edgar Cayce ist es ebenfalls »die Bestimmung

des Menschen, eins zu werden mit dem Schöpfer, wieder würdig und Ebenbild des Schöpfers zu werden«. Denn »für den Menschen setzt das Einswerden mit dem Vater den gleichen Zustand der Vollkommenheit voraus, in welchem er am Anfang geschaffen war, dabei aber sich seiner bewusst zu bleiben ... denn er soll seine Identität nicht verlieren. Jeder Einzelne wird für immer seine eigene Individualität behalten, seinen eigenen freien Willen und die Vernunft, aber er wird damit in Übereinstimmung mit dem Willen Gottes leben ... Die Gesetze der Menschen werden schließlich mit den Gesetzen Gottes übereinstimmen.«[6]

Dass die Individualität mit dem Einzug ins Nirvana nicht verloren gehen kann, liegt schon in der Tatsache begründet, dass keine zwei Seelen einander völlig gleich sind und daher erst die Individualität aller ein Gesamtbild ergibt, so wie alle Teile eines Puzzles erst ein vollständiges Bild ergeben. Ein Puzzleteil allein ist gar nichts, aber umgekehrt ist das Bild nicht vollständig, wenn auch nur ein einziges Teil fehlt.

So schreibt der indische Philosoph Radhakrishnan: »Keine zwei Jivas (Seelen) sind einander in ihrem Wesen gleich. Jeder besitzt seinen eigenen Wert und seine eigene Stätte im Dasein.«[7]

Auch Origenes bezweifelte, dass die Einheit mit Gott gleichbedeutend mit dem Verlust der Individualität ist. In *De principiis* III 6,5 führt er aus, dass das Nirvana (ohne dieses Wort zu nennen) so zu verstehen sei, »dass nicht die von Gott geschaffene Substanz eines Lebewesens vergeht, sondern seine feindliche Willensrichtung, die nicht von Gott, sondern von ihm selbst stammt. Er wird also vernichtet, nicht um (künftig) nicht zu sein, sondern um (künftig) nicht (mehr) *Feind* und *Tod* zu sein ... Denn er hat alles geschaffen, damit es sei, und was geschaffen ist, damit es sei, kann nicht nichts sein. Es kann wohl Veränderung und Verschiedenheit in sich aufnehmen und entsprechend seinen Verdiensten höher oder tiefer eingestuft werden, aber ein Vergehen der Substanz kann bei etwas, was von Gott gemacht ist, damit es sei und dauere, nicht eintreten.«

Nur wer die Welt überwunden hat, kann Nirvana im eigenen Inneren erfahren. Deshalb schenken die Vollendeten dem Welttreiben keine Aufmerksamkeit, wie Sokrates uns wissen lässt: »Denn wer in Wahrheit seinen Geist auf das Seiende gerichtet hält, hat ja auch ... gar keine Zeit, herniederzublicken auf das Treiben der Menschen und im Kampf mit ihnen sich mit Neid und Feindschaft zu beladen; sondern er ist ganz versunken in die Betrachtung eines wohl geordneten Reiches von Wesenheiten, die sich immer völlig gleich bleiben und weder Unrecht tun noch Unrecht voneinander leiden, vielmehr sich durchweg ordnungs- und vernunftgemäß verhalten.«[8]

Die innere Erfahrung erreicht ihre höchste Vollendung aber erst durch die äußere Vereinigung. Nirvana kann zwar nur im Inneren gefunden werden, doch ist durch die Erfahrung die »Endstation« noch nicht erreicht. Der Ort des Nirvana liegt jenseits des Jenseits und nicht etwa in dieser Sphäre des Seins. Eine Bestätigung hierzu finden wir in der gnostischen *Pistis Sophia,* die davon berichtet, dass es ein Lichtland gibt (in dem es keine Gestalten gibt, sondern ein beständiges und unbeschreibbares Licht), das durch »Vorhänge« von den unteren Sphären getrennt ist.[9]

Daraus folgt, dass – wie bereits im vorstehenden Text angedeutet wurde – der (innerlich) Erlöste sich erst nach dem Tod auch äußerlich mit Nirvana vereinigt; wenn er nämlich seinen Körper verlässt und *unkörperlich* wird. Origenes bestätigt dies, denn »die göttliche Natur ist unkörperlich, und eine Wesenheit, die im Körper ist, kann nicht als ähnlich oder eins mit ihr bezeichnet werden«.

Die berechtigte und mit größter Vorsicht gestellte Frage des Origenes, »ob vielleicht die Seelen, wenn sie das Heil erlangt haben und in die Seligkeit eingegangen sind, aufhören, Seelen zu sein« (De principiis II 8, 3), erinnert an das Gedankengut mancher gnostischer Schulen, nach dem die Erlösten ihre Seele ablegen und sie beim Demiurgen (dem Herrscher über die sichtbare, materielle Welt) zurücklassen.

Eine reale Beschreibung über Zustand und Wesen des Nirvana gibt keine Religion und kein mir bekanntes philosophisches System. Inayat Khan erklärt in wenigen Worten, warum sich dies so verhält: »Die ewige Wahrheit kann nicht ausgesprochen werden. Das, was ausgesprochen werden kann, das ist nicht die ewige Wahrheit.«

Auch Platon bestätigt, dass es über das Höchste und Letzte von ihm keine Schrift gibt, weil es nicht in Worte fassbar ist: »Vielmehr steigt es, wenn man lange mit der Sache selbst umgegangen ist und mit ihr gelebt hat, plötzlich in der Seele auf und nährt sich alsbald aus eigener Kraft.« Er teilte weiter seine Ansicht mit, dass die Beschreibung des Nirvana für den Menschen gar nicht gut ist, abgesehen von den wenigen, die selbst dazu imstande sind, es durch eine kleine Andeutung zu finden: »Wer nicht von Geburt mit der Sache verwandt ist, den wird weder Gelehrigkeit noch Gedächtnis dazu machen.«

tut, dem entschließen sich sogar bisher verborgene Geheimnisse aus den Schriften der eigenen Religion oder lassen einige Textstellen zumindest in einem neuen Licht erscheinen. Ich möchte hier nur kurz als Beispiel den biblischen Bericht über die Entstehung der Frau anführen, die angeblich aus der Rippe des Mannes geformt wurde. Wie wir im zweiten Kapitel festgestellt haben, bedeutet das hebräische Wort *zela* jedoch nicht nur »Rippe«, sondern auch »Seite«. Dieses Wissen allein führt den die Bibel interpretierenden und nach spiritueller Erkenntnis suchenden Christen aber noch immer nicht wesentlich weiter. Auch nach dieser Formulierung muss angenommen werden, dass der Mann zuerst da war und die Frau erst später geschaffen wurde. Demnach wäre die Frau zwar auch ein Teil des Mannes, nicht aber der Mann ein Teil der Frau. Ist man darüber hinaus aber noch mit der hebräischen Mythologie und dem Sohar vertraut – und das sollte unbedingt der Fall sein, wenn man sich ernsthaft mit dem *Alten Testament* befassen will – bzw. mit Platons *Gastmahl* oder der Brihadāranyaka-Upanishad, so ergibt sich ein völlig neues Bild: Die Frau wurde nicht aus dem Mann herausgezogen, sondern beide Geschlechter entstanden durch Teilung eines vormals androgynen Wesens, wie in der Kommentierung zu Gen. 2,22 im zweiten Kapitel ausführlich erörtert wurde.

Mancher Leser mag nun vielleicht ein wenig enttäuscht sein, weil er von diesem Buch Antworten auf seine Fragen erwartet hat, wie er denn seine Dualseele finden und erkennen kann.

Die Frage, wie man seine Dualseele findet, kann leider nicht pauschal beantwortet werden, weil dies natürlich von Fall zu Fall völlig verschieden ist. Wie bereits im achten Kapitel kurz erwähnt wurde, ist es unabdingbar, sich innerlich auf die Dualseele einzustimmen. Wer innerlich weit genug entwickelt ist, seiner Dualseele zu begegnen, wird sie früher oder später auch kennen lernen. Deshalb ist es, wie bereits im fünften Kapitel ausführlich erörtert wurde, nutzlos, seine Dualseele in der Außenwelt zwanghaft finden zu wollen. Wer diesen Versuch unternimmt, wird ernüchtert feststellen, dass er seine Dualseele trotz intensiver Suchaktionen nicht zu finden vermag und dadurch nur enttäuscht werden. Wer dagegen innerlich für ein Zusammentreffen mit seiner Dualseele gerüstet ist, wird ihr ganz automatisch begegnen.

Zu der Frage, wie man seine Dualseele erkennt, wenden wir uns Graf Keyserling zu: »Wer die Frage stellt, wie erkenne ich den Richtigen praktisch, der fragt falsch. Dem Blinden, d. h. Instinktunsicheren, ist keinesfalls zu helfen. Wer aber der eigenen Seele überhaupt bewusst ist, der erkennt den ihm Zugehörigen ebenso unmittelbar, wie der Sehende eine Landschaft vor sich sieht, denn der Kontakt zwischen Seelen ist ebenso direkt, wie der in der Körperwelt. Hier kann man jedem nur sagen: öffne deine Augen …«[1]

Graf Keyserling schreibt weiter: »Im Geliebten sieht man recht eigentlich sein eigenes Seelenbild im Spiegel, weshalb es kein Wunder ist, dass man das zu einem Gehörige oft auf den ersten Blick erkennt.«[2]

Es mag allerdings auch dem Instinkt letztendlich nicht absolut unfehlbar möglich sein zu wissen, ob es sich bei dem *erkannten* Partner tatsächlich um die Dualseele handelt oder *nur* um den vorherbestimmten Partner für die gegenwärtige Inkarnation bzw. um das Wiedererkennen einer großen Liebe aus einer vergangenen Inkarnation (in den beiden letzten Fällen kann es sich zwar gleichzeitig auch um unsere Dualseele handeln, doch muss dies nicht unbedingt der Fall sein). Ferner sind Täuschungen des Instinktes möglich, wenn wir jemandem begegnen, der unserer Dualseele sehr ähnlich ist. Zu dieser generellen Problematik des *Erkennens* unserer Dualseele schreibt Bo Yin Ra: »Hier auf dieser Erde können nur geistig völlig *Erwachte* mit Sicherheit wissen, ob ihr irdischer Gegenpol zugleich ihr ewiger eigener Gegenpol ist oder nicht.«[3]

Bo Yin Ra schreibt weiter über die Schwierigkeit des noch nicht geistig vollends Erwachten zu wissen, ob man seine Dualseele tatsächlich gefunden hat: »Manche, die ... sich für *Wiedergefundene* halten mögen, werden es dennoch nicht sein, und manche, deren irdisch angeeignete Verschiedenheit des Denkens und Empfindens sie verführen möchte, sich einander fremd zu fühlen, werden gleichwohl eines ent-zweiten Geistwesens Pole bilden.«[4]

Manch interessierter Leser mag vielleicht sogar die Charaktereigenschaften des Seelengefährten hinterfragen wollen: Ist er mir ähnlich oder eher das Gegenteil von mir? Auch diese Frage ist viel zu hypothetisch, um sie individuell beantworten zu können. Vom Grundsatz her sind sich die Dualseelen natürlich sowohl in ihrem Wesen ähnlich, als auch ergänzen sie sich vorzüglich. Mit anderen Worten ausgedrückt, lässt diese Frage sich vermutlich wie folgt beantworten: Benötige ich einen Partner, der mir ziemlich ähnlich ist, so wird die Dualseele diese Tugenden der Ähnlichkeit verkörpern. Benötige ich dagegen einen Partner, dessen Wesen in einem krassen

Gegensatz zu meinem eigenen besteht, so kann die Dualseele durchaus diese Tugenden der Gegensätzlichkeit verkörpern. Immer kommt es jedenfalls auf das Entwicklungsstadium der Dualseelen an, ob sie sich eher ähnlich oder eher gegensätzlich sind. Weil jede Seele in sich selbst eine größtmögliche Harmonie erzeugen soll und zwei Teile desselben Geistwesens sich notwendigerweise sehr ähnlich sein müssen, heißt dies nach meiner Auffassung, dass eine fortgeschrittene Seele ihrer ebenfalls fortgeschrittenen Dualseele sehr ähnlich sein wird, eine weniger fortgeschrittene Seele ihrer ebenfalls weniger fortgeschrittenen Dualseele dagegen eher unähnlich und gegensätzlich ist. Eine Bestätigung dieser These finden wir u. a. bei Graf Keyserling: »Einseitig gespannte Naturen werden in der Regel nur von Gegensätzlichem angezogen, da sie nur dank solchem über ihre einseitige Spannung hinausgelangen können. Ausgeglichenere finden ihre beste Ergänzung in dem, was ihnen wesentlich gleicht und nur in Einzelzügen bereichernd von ihnen abweicht.«[5]

… Und vollendet
ist mein Wirken, wenn dein Wesen,
erdgenesen
mit dem meinen
sich zu einem glockenreinen
Einklang bindet.
Denn da oben,
einverwoben
den Akkorden ew'gen Seins,
sind wir Eins.
Nur mit dir kann ich durchschreiten
aller Zeiten
letzte Pforte.
Dieses ist's, was ohne Worte
sich im Licht mir offenbarte.
Komm, ich warte!

Ephides*

---

* mit freundlicher Genehmigung entnommen aus dem Buch »Ephides
– Ein Dichter des Transzendenten«, Anthos-Verlag, Weinheim

Nachweis über Quellenangaben:

Kapitel 1: Die Schöpfung

1 Kriyananda: So spricht Yogananda (München, 1992), S. 21f.
2 Die schönsten Upanischaden (Freiburg, 1994), S. 190
3 Ebd., S. 144f.
4 Der Sohar – das heilige Buch der Kabbala (München: Diederichs, 1993), S. 50
5 Ebd., S. 51
6 Die schönsten Upanischaden (Freiburg, 1994), S. 95
7 Ebd., S. 183
8 Ebd., S. 105
9 Der Sohar – das heilige Buch der Kabbala (München: Diederichs, 1993), S. 123
10 Die schönsten Upanischaden (Freiburg, 1994), S. 182
11 Herbert Engel: Der Sphärenwanderer (Interlaken/Schweiz 1995), S. 221
12 Vgl. GHL III, S. 304
13 Wilhelm Kienzler: Die Schöpfung (Engelberg/Schweiz und München, 1977), S. 29f.
14 GHL I, S. 41

Kapitel 2: Die Entzweiung

1. Hermann Rudolph: Die Ehe und die Geheimlehre
2. W. Howard Church: Die 17 Leben des Edgar Cayce (Genf, 1988), S. 34
3. Rudolf Passian: Wiedergeburt (München, 1985), S. 198
4. GHL II, S. 138
5. Robert von Ranke-Graves und Raphael Patai: Hebräische Mythologie (Reinbek: Rowohlt, 1986), S. 42
6. Märchen der Azteken und Inka (Hamburg: Rowohlt, 1992), S. 16
7. Heinrich Zimmer: Indische Mythen und Symbole (München: Diederichs, 1991), S. 64
8. R. von Ranke-Graves und R. Patai: Hebräische Mythologie (Reinbek: Rowohlt, 1986), S. 122
9. GHL I, S. 464
10. Heinrich Zimmer: Indische Mythen und Symbole (München: Diederichs, 1991), S. 219
11. Ebd., S. 156
12. John A. Phillips: Eva (Stuttgart, 1987), S. 167f.
13. Der Sohar – das heilige Buch der Kabbala (München: Diederichs, 1993), S. 145f.
14. Märchen der Azteken und Inka (Hamburg: Rowohlt, 1992), S. 128f.
15. GHL II, S. 698
16. Khoury/Girschek: So machte Gott die Welt (Freiburg, 1985), S. 74
17. Wilhelm Kienzler: Die Schöpfung (Engelberg/Schweiz und München, 1977), S. 19

18 R. von Ranke-Graves und R. Patai: Hebräische Mythologie (Reinbek: Rowohlt, 1986), S. 82
19 Der Sohar – das heilige Buch der Kabbala (München: Diederichs, 1993), S. 140
20 Leo Schaya: Ursprung und Ziel des Menschen im Lichte der Kabbala (Weilheim, 1972), S. 75ff.
21 Upanishaden – Die Geheimlehre der Inder (München: Diederichs, 1990), S. 53
22 Hans W. Wolff: Anthropologie des Alten Testaments, (München, 1973) S. 143
23 Paul Hübner: Vom ersten Menschen wird erzählt (Düsseldorf und Wien, 1969), S. 159f.
24 Ramala: Die Weisheit von Ramala (München, 1988), S. 329
25 Joyce und Barry Vissell: Der gemeinsame Weg (München, 1989), S. 41
26 Lexikon der antiken Mythen und Gestalten (München: dtv, Sept. 1987)
27 Swedenborg/Gollwitzer: Der Mensch als Mann und Weib (Zürich, 1973), S. 59f.
28 Rudolf Passian: Wiedergeburt (München, 1985), S. 129
29 GHL II, S. 192
30 Ebd., S. 193
31 Ebd., S. 697
32 Hermann Rudolph: Die Ehe und die Geheimlehre
33 Swedenborg/Gollwitzer: Der Mensch als Mann und Weib (Zürich, 1973), S. 104
34 W. Howard Church: Die 17 Leben des Edgar Cayce (Genf, 1988), S. 39
35 Paul Hübner: Vom ersten Menschen wird erzählt (Düsseldorf und Wien, 1969), S. 182

Kapitel 3: Der Sündenfall

1 John A. Phillips: Eva (Stuttgart, 1987), S. 86f.
2 HPB: Isis entschleiert, S. 184f.
3 Ebd, S. 225
4 R. von Ranke-Graves und R. Patai: Hebräische Mythologie (Reinbek: Rowohlt, 1986), S. 95 (vgl. *Adamschriften*)
5 Ebd., S. 98
6 Leo Schaya: Ursprung und Ziel des Menschen im Lichte der Kabbala (Weinheim, 1972), S. 131
7 Hans Leisegang: Die Gnosis (Stuttgart, 1985), S. 179f.
8 Herbert Engel: Der Sphärenwanderer (Interlaken/Schweiz, 1995), S. 197
9 Ebd., S. 197
10 Ebd., S. 198
11 Ebd., S. 196

Kapitel 4: Der Aufenthalt der Dualseelen in der Materie

1 EDGAR CAYCEs Bericht von Ursprung und Bestimmung des Menschen (Goldmann Verlag, 6/92), S. 69
2 Platon: Der Staat (Felix Meiner Verlag, Hamburg, 1989), S. 409
3 Radhakrishnan: Indische Philosophie, Bd. 2 (Holle Verlag, 1956), S. 542
4 Rudolf Passian: Wiedergeburt (München, 1985), S. 132f.

5   Ronald Zürrer: Reinkarnation (Zürich, Juni 1992), S. 110
6   Rudolf Passian: Wiedergeburt (München, 1985), S. 198
7   Thorwald Dethlefsen: Schicksal als Chance (Goldmann, 1/89), S. 243f.
8   Peter Michel: Karma und Gnade (Grafing, 1992), S. 99
9   H. K. Challoner: Das Rad der Wiedergeburt (München, 1976), S. 146
10 Peter Michel: Karma und Gnade (Grafing, 1992), S. 99f.
11 A. C. B. S. Prabhupada: Krishna – Die Quelle aller Freude, Bd. 2, S. 187

Kapitel 5: Über die irdische und die himmlische Ehe

1   Swedenborg/Gollwitzer: Der Mensch als Mann und Weib (Zürich, 1973), S. 51
2   Ramala: Die Weisheit von Ramala (München, 1988), S. 328
3   Ebd., S. 330
4   Bo Yin Ra: Das Buch vom Menschen (München, 1920), S. 46
5   Soami Divyanand: Probleme in der Partnerschaft (Herrischried, 1991), S. 12f.
6   Swedenborg/Gollwitzer: Der Mensch als Mann und Weib (Zürich, 1973), S. 118
7   Ebd., S. 180

8   Hans Leisegang: Die Gnosis (Stuttgart, 1985), S. 349
9   Swedenborg/Gollwitzer: Der Mensch als Mann und Weib (Zürich, 1973), S. 35f.
10 A. C. B. S. Prabhupada: Krishna – Die Quelle aller Freude, Bd. 2 (1. Aufl.), S. 120
11 Soami Divyanand: Probleme in der Partnerschaft (Herrischried, 1991), S. 4f.
12 Die Reden des Buddha (Freiburg i. Brsg., 1993), S. 383
13 Swedenborg/Gollwitzer: Der Mensch als Mann und Weib (Zürich, 1973), S. 106

Kapitel 6: Geschichten und Gleichnisse

1   Ramala: Die Weisheit von Ramala (München, 1988), S. 96

Kapitel 7: Die Verschmelzung der Dualseelen

1   Lexikon der antiken Mythen und Gestalten (München: dtv, Sept. 1987)
2   Anneliese und Peter Keilhauer: Die Bildsprache des Hinduismus (Köln, 1990), S. 167
3   Ebd., S. 196
4   Eckhard Schleberger: Die indische Götterwelt (Köln: Diederichs, 1986), S. 99
5   Anneliese und Peter Keilhauer: Die Bildsprache des Hinduismus (Köln, 1990), S. 35

6   Eckhard Schleberger: Die indische Götterwelt (Köln: Diederichs, 1986), S. 61f.
7   Wolfgang Schultz: Dokumente der Gnosis (München, 1986), S. LXVIII
8   Herbert Engel: Der Sphärenwanderer (Interlaken/Schweiz, 1995), S. 239
9   Bo Yin Ra: Das Buch vom Menschen (München, 1920), S. 48 f.

Kapitel 8: Rückkehr ins Nirvana

1   Die schönsten Upanischaden (Freiburg i. Brsg., 1994), S. 65
2   Ebd., S. 51
3   Ebd., S. 169
4   Die Reden des Buddha (Freiburg i. Brsg., 1993), S. 313
5   Thorwald Dethlefsen: Schicksal als Chance (Goldmann, 1/89), S. 266
6   EDGAR CAYCEs Bericht von Ursprung und Bestimmung des Menschen (Goldmann, 6/92), S. 258ff.
7   Radhakrishnan: Indische Philosophie, Bd. 2 (Holle Vlg, 1956), S. 556
8   Platon: Der Staat (Felix Meiner Verlag, Hamburg 1989), S. 250
9   Hans Leisegang: Die Gnosis (Stuttgart, 1995), S. 361f.
10 Die Reden des Buddha (Freiburg i. Brsg., 1993), S. 305

Schlusswort

1. Graf Hermann Keyserling: Das EHE-BUCH (Celle, 1925), S. 241
2. Ebd.
3. Bo Yin Ra: Das Buch vom Menschen (München, 1920), S. 47
4. Ebd., S. 47f.
5. Graf Hermann Keyserling: Das EHE-BUCH (Celle, 1925), S. 241

Liebe das Leben wie Dich selbst

Louise L. Hay
Buch der Hoffnung
Trost und Inspiration zum Jahrtausendbeginn
Gebunden mit Schutzumschlag
ISBN 3-453-16408-3

Außerdem sind von Louise L. Hay erschienen:
Du selbst bist die Antwort
Die Kraft einer Frau
Das Leben lieben
Gesundheit für Körper und Seele
Wahre Kraft kommt von Innen
Du bist Dein Heiler!
Meditationen für Körper und Seele
Deine innere Stimme
Louise L. Hay / John C. Taylor
Die innere Ruhe finden

HEYNE

Neue Wege
zu einem besseren
Verständnis von Partnerschaften

„Ein außerordentlich notwendiges und hilfreiches Buch in einer Gesellschaft, in der Bindungen vielfach nur *auf Zeit* eingegangen werden."

Josef A. Mazur / Rosemarie G. Pade • IN LIEBE GESCHIEDEN
ISBN 3-89427-118-3, Paperback

Aquamarin Verlag